中宣部2020年主题出版重点出版物
中国脱贫攻坚故事丛书

中国脱贫攻坚

玉龙故事

国务院扶贫办　组织编写

中国出版集团
研究出版社

图书在版编目(CIP)数据

中国脱贫攻坚.玉龙故事/国务院扶贫办组织编写.——北京：研究出版社，2020.11
ISBN 978-7-5199-0665-8

Ⅰ.①中… Ⅱ.①国… Ⅲ.①扶贫-工作经验-案例-玉龙纳西族自治县 Ⅳ.① F126

中国版本图书馆 CIP 数据核字 (2019) 第 262884 号

中国脱贫攻坚　玉龙故事
ZHONGGUO TUOPIN GONGJIAN　YULONG GUSHI

国务院扶贫办　组织编写

责任编辑：刘春雨

研究出版社 出版发行
(100011　北京市朝阳区安华里 504 号 A 座)

河北赛文印刷有限公司　　新华书店经销

2020 年 12 月第 1 版　2020 年 12 月北京第 1 次印刷
开本：787 毫米 ×1092 毫米　1/16　印张：12.25
字数：168 千字
ISBN 978-7-5199-0665-8　定价：49.00 元

邮购地址 100011　北京市朝阳区安华里 504 号 A 座
电话（010）64217619　64217612（发行中心）

版权所有・侵权必究

凡购买本社图书，如有印制质量问题，我社负责调换。

"中国脱贫攻坚　玉龙故事"编审指导委员会

主　任： 刘永富　谭　跃

副主任： 欧青平　洪天云　陈志刚　夏更生　黄志坚

委　员： 海　波　陈武明　苏国霞　王光才　黄　艳　左常升
　　　　　曲天军　杨　炼　许健民　桑　明　黄承伟　刘俊文
　　　　　李富君　陆春生　李　岩　陈永刚

评审专家组：（按姓氏笔画排序）

　　　　　于鸿君　王晓毅　艾四林　左　停　叶敬忠　向德平
　　　　　刘晓山　张　琦　张志明　张丽君　陆汉文　和　龑
　　　　　郑风田　郝振省　曹　立

"中国脱贫攻坚故事"丛书编写工作组

骆艾荣　阎　艳　吕　方　李海金　陈　琦

刘　杰　袁　泉　梁　怡　孙晓岚

《中国脱贫攻坚　玉龙故事》编委会

主　　　编：董凤青

副 主 编：刘廷朝　黄　路　和献忠　和凤琼　和志君

执 行 编 辑：刘志文

编　　　写：周雪蕾　许桦楠　王　鹏　赵坤玉　姚国军
　　　　　　和晓云　和正梅　张小雪

摄　　　影：丽江日报传媒公司

玉龙县脱贫攻坚
专题片二维码

人民对美好生活的向往
就是我们的奋斗目标
——习近平

谨以此书
献给世界

反贫困事业

玉龙县行政区划及保护区示意图

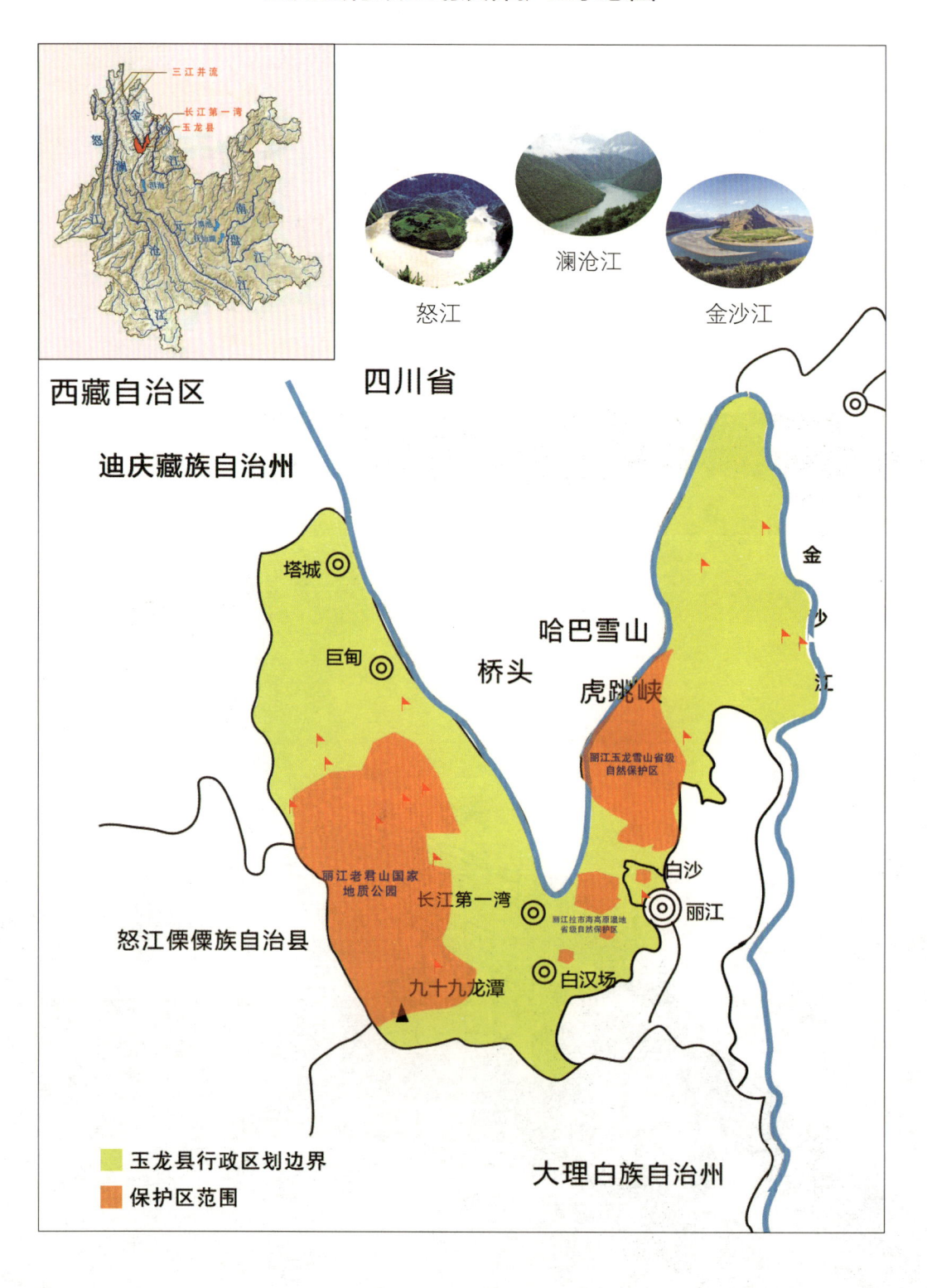

玉龙县脱贫攻坚作战图

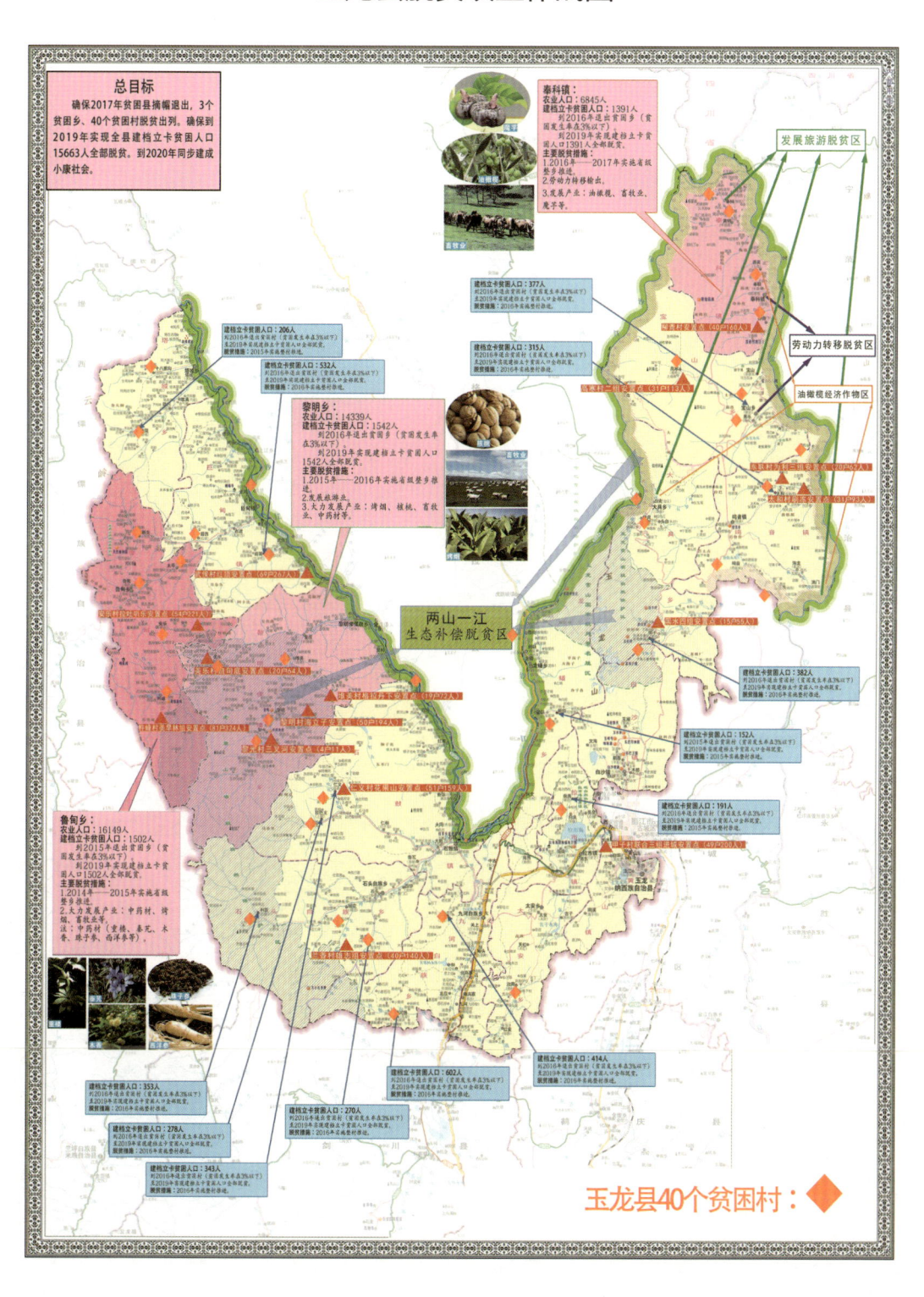

目 录
CONTENTS

序　言 | 山高人为峰　001

01 玉龙山的眼泪　半年糠菜半年粮　有女不嫁大山郎
第一节　老少边穷集一身的自治县 …… 003
第二节　点多面广的深度贫困县 …… 005

02 大写三江并流　共抓大保护　不搞大开发
第一节　三个世界遗产地的尴尬 …… 011
第二节　牢记习总书记对云南的殷殷嘱托 …… 020
第三节　保护与开发的当代课题 …… 020

03 玉柱擎天　脱贫攻坚是党的建设的伟大实践
第一节　五级书记抓脱贫 …… 027
第二节　党建脱贫"双推进" …… 030
第三节　尽锐出战拔"穷根" …… 035

04 "绣花"功夫　到村到户到人　工作精准到位
第一节　精准脱贫的玉龙实践 …… 051
第二节　因户施策真扶贫扶真贫 …… 063

第三节　扶贫先扶智，扶贫必扶志 070

05 金生丽水　绿水青山就是金山银山

第一节　争当国家生态文明建设排头兵 089

第二节　绿色产业成为"绿色银行" 100

06 披星戴月　幸福都是奋斗出来的

第一节　再走长征路 121

第二节　用自己的双手改变命运 124

第三节　自强诚信感党恩 135

07 中国红石榴　少数民族一个都不能少，一个都不能掉队

第一节　整族帮扶在行动 151

第二节　创建民族团结进步示范县 154

08 玉龙坚信未来　香格里拉并不遥远

第一节　全面实施"脱贫奔康"行动计划 165

第二节　"而今迈步从头越" 172

第三节　玉龙明天更美好 176

后　记　179

序 言
PREFACE

山高人为峰

玉龙是一片神奇美丽的土地。英国著名作家詹姆斯·希尔顿（James Hilton 1900—1954）在其著作《消失的地平线》中深情描述：这里有神圣的雪山，幽深的峡谷，飞舞的瀑布，被森林环绕的宁静的湖泊，徜徉在美丽草原上的成群的牛羊，净如明镜的天空，金碧辉煌的庙宇，这些都有着让人窒息的美丽。纯朴、好客的人们热情欢迎着远道而来的客人。在这里，太阳和月亮就停泊在你心中……这就是传说中的"香格里拉"！美籍人类学家、植物学家、纳西文化学者约瑟夫·洛克在玉龙雪山下生活了27年，临终时曾无限眷恋地感慨：与其躺在夏威夷凄凉的病床上，我宁愿死在那玉龙雪山的鲜花丛中！大自然的鬼斧神工，独特的人文地理，造就了丽江的三大世界遗产：世界文化遗产——丽江古城，世界记忆遗产——东巴古籍文献，世界自然遗产——三江并流。同时，还有玉龙雪山自然保护区、拉市海高原湿地自然保护区、老君山地质公园，生态环境保护压力大，保护与开发矛盾突出。

玉龙是一片美丽但贫困的土地，地处青藏高原与云贵高原接合部，隐藏于滇西北的群山之间，群峰林立，沟壑纵横。全县总面积6198.76平方公里，辖7个镇9个乡及1个办事处，总人口22.25万，自古以来就是一个多民族聚居的地方，境内居住着汉族和纳西族等12个世居民族。其中纳西族人口12.38万，占总人口的55.6%，是全国唯一的纳西族自治县。由于地形复杂，环境气候变化差异大，各个地方发展不平衡，境内素有"鸡鸣三省"之称的奉科镇，有"云上石头城"宝山乡，有"隔着江水对情歌，对到白头不见面"的江边小寨，有"早上出去割麦子，割到天黑只有半架麦"的贫瘠之地，还有几十里地只有一户人家的偏远山区。过去的田间地头，人们常以古老的纳西族"谷气调"咏叹生活的艰辛："金沙江水长啊，长不过长长的苦日子；玉龙雪山高啊，高不过我们对幸福生活的向往！"由于贫困，有衣穿、有饭吃、有屋住的安宁生活，一直是祖祖辈辈的梦想。

一方水土养一方人。从纳西先民起，每一个纳西子民都相信"万物有灵"，相信只要人与自然和谐相处，神灵就会赐予人们平安幸福。原始信仰虽然能给人带来精神上的寄托，但无法改变现实的贫困。尽管玉龙各族人民怀抱希望，历尽艰辛地走过一代又一代，但直到20世纪80年代末，全县依然是一个基础设施落后、生态环境脆弱、经济社会发展落后的民族贫困县。

玉龙为什么贫困？应该如何去改变？这方土地上各族群众一直在苦苦劳作中深切期盼，历届党委政府一直在不断探索中力求突破。

"人民对美好生活的向往，就是我们的奋斗目标。"习近平总书记的一席话，道出了中国共产党人为人民谋幸福的初心与使命。2015年，在习近平总书记关于扶贫工作的重要论述指引下，中央决定"采取超常规举措，拿出过硬办法，举全党全社会之力，坚决打赢脱贫攻坚战"。这是一场任务艰巨、困难重重的攻坚战，也是一场必胜之战。党中央坚强领导，各级党委政府坚决执行，各部门严密配合，社会帮扶，全民参战，从上到下坚定"道远脚作马，山高人为峰"的必胜信念，秉承"披星戴月"的奋斗精神，谱就了一曲荡气回肠的脱贫攻坚之歌。

人心齐，泰山移。2018年，全国唯一的纳西族自治县终于如期摘掉了贫困帽子，正以昂扬的姿态、饱满的精神，走向脱贫奔小康的发展之路！

从新中国成立伊始到摘掉贫困帽子，玉龙县发生了翻天覆地的变化。玉龙脱贫攻坚的生动实践，是云南脱贫攻坚的缩影；玉龙各民族的进步，是边疆少数民族发展进步的样本；玉龙脱贫摘帽的做法，也将成为世界反贫困事业的中国模式。

01 Chapter

玉龙山的眼泪

半年糠菜半年粮　有女不嫁大山郎

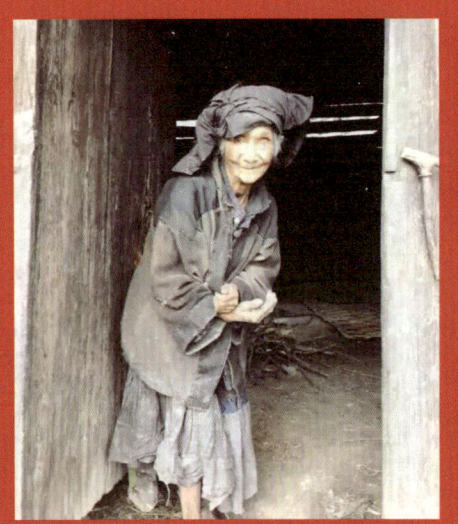

"半年糠菜半年粮，有女不嫁大山郎"，曾是这片土地的疼痛。苍茫的玉龙雪山，见证着人们辛勤劳作却食不果腹的艰辛生活；奔腾的金沙江水，诉不完中国共产党人消除贫困带领人民脱贫奔小康的理想衷肠……

> 消除贫困、改善民生、逐步实现共同富裕，是社会主义的本质要求，是我们党的重要使命。
>
> ——习近平《在中央扶贫开发工作会议上的讲话》
>
> （2015年11月27日）

第一节　老少边穷集一身的自治县

筚路蓝缕，路陡山高，美丽雪山脚下的玉龙县曾经饱受贫困之殇。

玉龙县是全国唯一的纳西族自治县，集"老、少、边、穷"为一体。全县22.25万人口中，纳西族、傈僳族、彝族、普米族、白族、藏族等少数民族人口占总人口的83.85%。全县有701个贫困村民小

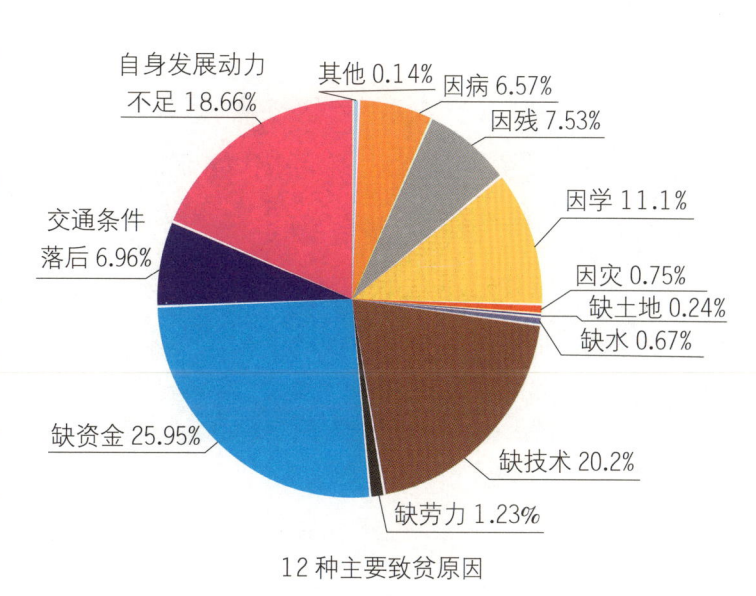

12种主要致贫原因：
- 自身发展动力不足 18.66%
- 其他 0.14%
- 因病 6.57%
- 因残 7.53%
- 因学 11.1%
- 因灾 0.75%
- 缺土地 0.24%
- 缺水 0.67%
- 缺技术 20.2%
- 缺劳力 1.23%
- 缺资金 25.95%
- 交通条件落后 6.96%

2014年、2018年玉龙县贫困人口分布情况

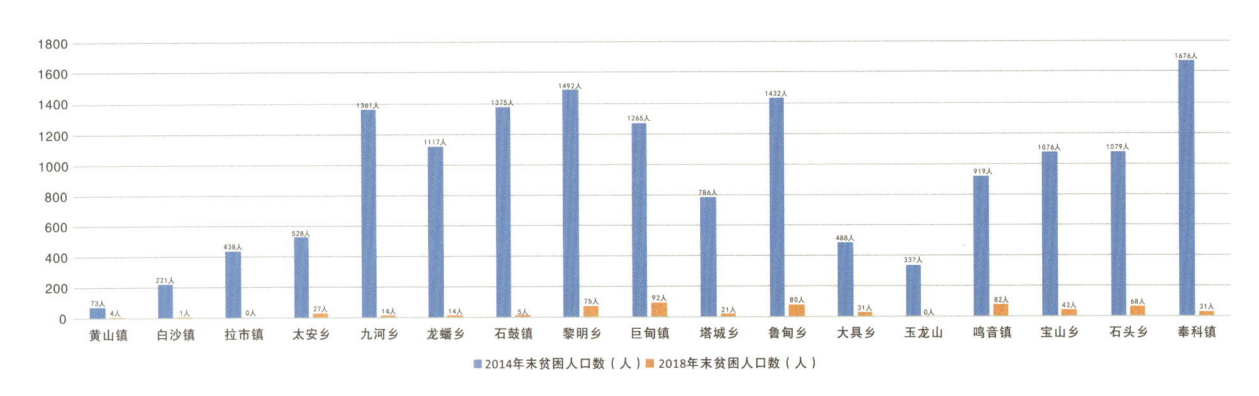

乡镇	2014年末贫困人口数（人）	2018年末贫困人口数（人）
黄山镇	73	4
白沙镇	221	1
拉市镇	438	0
太安乡	528	27
九河乡	1367	14
龙蟠乡	1117	14
石鼓镇	1375	5
黎明乡	1492	75
巨甸镇	1265	92
塔城乡	786	21
鲁甸乡	1432	80
大具乡	488	31
玉龙山	337	0
鸣音镇	919	82
宝山乡	1076	43
石头乡	1079	68
奉科镇	1676	31

高寒山区贫困村民

1996年"2·3"大地震玉龙遭受重创

绝壁上的物流通道

组分布在 2600 米以上的高寒贫困山区，2004 年被列为省级扶贫开发工作重点县，2010 年列为滇西连片特困地区县。2011 年，全县相对贫困人口 11.33 万（其中绝对贫困人口 3.1 万），有直过民族傈僳族贫困人口 1344 户 4034 人，人口较少民族普米族贫困人口 245 户 748 人，脱贫工作面临贫困面广、贫困程度深、扶贫开发任务重等突出问题。2014 年，全县国内生产总值 47.47 亿元，财政收入 6.8 亿元，农村人均可支配收入 7383 元，总体低于全省平均水平，全县有建档立卡贫困人口 4154 户 16553 人，贫困发生率为 8.03%，是滇西北脱贫攻坚的主战场之一。

第二节　点多面广的深度贫困县

作为全国唯一的纳西族自治县，昔日玉龙县贫困程度深、基础设施落后、区域发展不平衡，2004年被列为省级扶贫开发工作重点县，2010年被列为滇西连片特困地区县，是滇西北脱贫攻坚的主战场之一。这里的人民对脱贫有着最迫切的期望。

——基础设施落后

农田水利基础设施薄弱，生产性缺水较为严重，全县有效灌溉面积只占农田总面积的41.61%，58.39%的耕地为"望天田"。有43628人饮水困难，占总人口的41.18%。有9个村民小组385户未通电，59个村民小组1968户未通电话，225个村民小组8583户未能有效接收广播电视，有206个村组7133户27108人出行困难，严重制约了经济的发展。

一堆沙土、几根木桩的简陋搭建是贫困山区人们出行的日常

——生态环境脆弱

大部属于金沙江干热河谷，96.53%面积为山区、半山区，自然灾害频发。全县丧失生存环境人数

直过民族（傈僳族）人民艰辛耕作

3192人，占总人数的3%，因灾致贫返贫现象突出。

——产业发展滞后

农村人均耕地仅有2.76亩，且多为旱地，"靠天吃饭"现象非常严重。农户虽然家家养殖牛、羊、猪、鸡，但仅为自给自足，出栏销售不多，传统产业小散弱，形不成规模效益，农户收入少且不稳定。2010年，农村人均有粮424公斤，人均纯收入669元；5911户有住房困难，占总户数的22.2%。

高寒山区的"蜀道"

——县域经济弱小

玉龙县总体是农业大县、工业弱县，产业支持不足，经济结构单一，财源渠道狭窄。2013年，全县国内生产总值40.9亿元，公共财政经济收入仅为8.05亿元。县域经济在全省同类县中排名靠后。

——社会保障薄弱

至2013年，全县中小学校仍

吃水全靠人背马驮

有C、D级危房存量30175平方米；乡镇卫生院未达标8个，村卫生室未达标53个；无活动场所的村民小组仍有308个；全县共有2万余人须纳入低保，农村人居环境脏乱差，普遍无垃圾和污水处理设施。

——内生动力不足

不少区域偏僻封闭，群众受教育程度低，思想观念原始落后，看山愁，看水愁，宁可在贫困中苦熬，也不愿设法改变。"家乡宝"现象十分突出，不少人"走不出村子、鼓不起袋子、挣不到票子、活不了脑子、闯不出路子、树不了样子"。

缺医少药，因疾失明

山区贫困学生

破旧的校舍

板板房下无奈的生活

原始的耕作

02 Chapter

大写三江并流

共抓大保护　不搞大开发

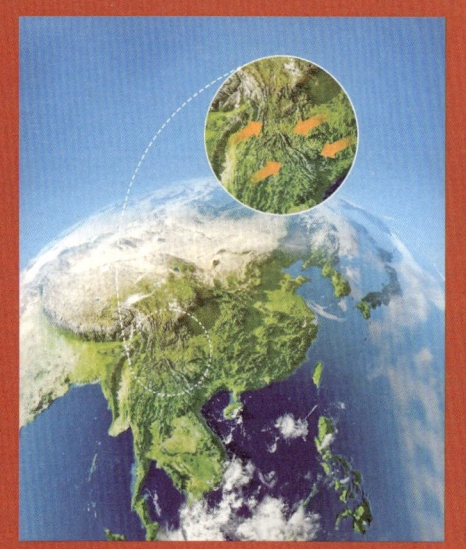

习近平总书记指出：坚决摒弃损害甚至破坏生态环境的发展模式，坚决摒弃以牺牲生态环境换取一时一地经济增长的做法。

既要保住绿水青山，又要改变贫穷面貌，玉龙该如何实现双赢？县委、县政府认真贯彻"共抓大保护，不搞大开发"的理念，积极探索生态优先、绿色发展道路。

> 生态环境问题归根结底是发展方式和生活方式问题，要从根本上解决生态环境问题，必须贯彻创新、协调、绿色、开放、共享的发展理念，加快形成节约资源和保护环境的空间格局、产业结构、生产方式、生活方式，把经济活动、人的行为限制在自然资源和生态环境能够承受的限度内，给自然生态留下休养生息的时间和空间。
>
> ——习近平《在全国生态环境保护大会上的讲话》
>
> （2018年5月18日）

第一节 三个世界遗产地的尴尬

玉龙县地处"世界自然遗产"三江并流的核心地带，拥有雪山、草地、湖泊、森林等诸多自然奇观，古老神秘的"世界记忆遗产"东巴文化，历史悠久的茶马古镇，让这里成为世人心中的"香格里拉"……然而，这片美丽的土地却一直饱受贫困之殇。

自然禀赋得天独厚

有国家冰川地质公园玉龙雪山；有世界最深的峡谷之一虎跳峡；有"滇省众山之祖"、国家地质公园、"北半球珍稀濒危物种避难所"、"三江并流"

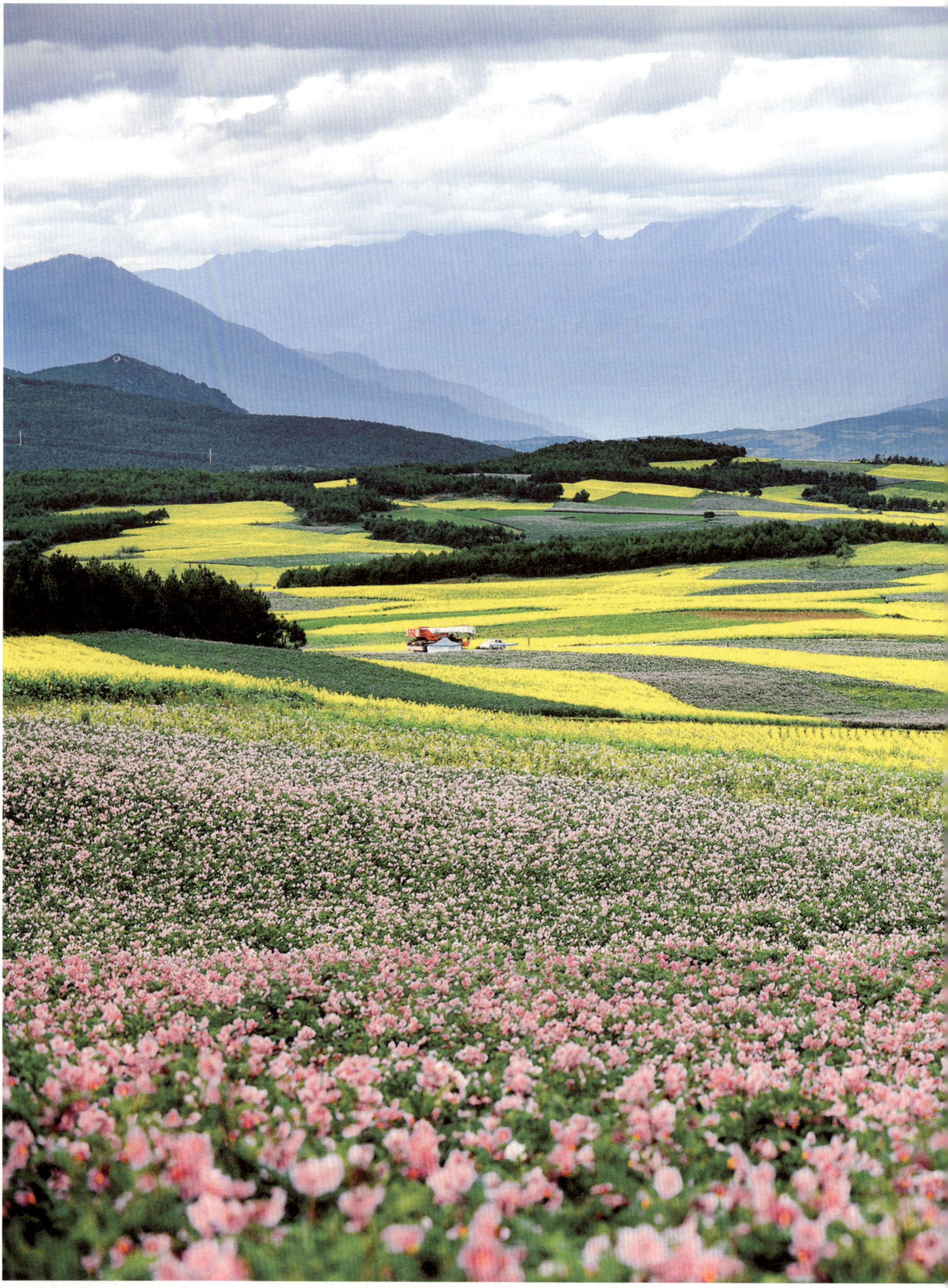

太安乡农旅结合产业扶贫项目

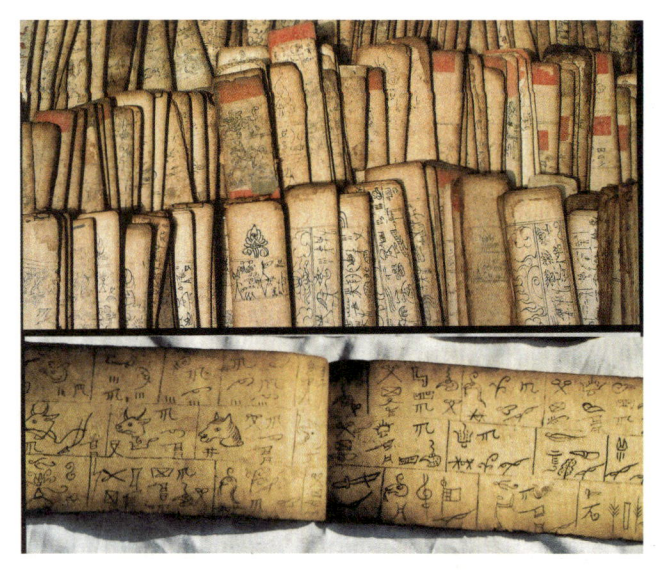

东巴文化传承

世界自然遗产老君山；有"江流到此成逆转，奔入中原壮大观"的万里长江第一湾；有"环球第一树"万朵山茶；还有国际重要湿地、国家水利风景区拉市海和太安万亩高山花海等自然奇观，为此玉龙县享有"中国生态魅力名县"的殊荣。

民族文化绚丽多彩

玉龙县地处滇、川、藏经济文化交会带，是东巴文化的发祥地，东巴文字被誉为"活着的象形文字"，东巴古籍文献入选"世界记忆遗产"。"天籁之音"纳西古乐被誉为"音乐活化石"。白沙壁画、宝山石头城、金沙江岩画、茶马古道、白沙古街等诸多文物古迹遍及全县。境内各民族勤劳质朴、能歌善舞，民间文学、民族歌舞、民俗风情、饮食文化异彩纷呈。藏传佛教、汉传佛教、道教、基督教以及各民族的原始宗教东巴教、本主教、毕摩教，在境内和谐共处。

老者在抄写东巴文

历史人文悠久独特

这里曾是唐朝、吐蕃和南诏的"逐鹿"之地，亦是忽必烈率蒙古十万铁骑南征大理国的"元跨革囊"之地，是以"土地广大""传世最远""富冠诸土郡"，并以"知诗书，好礼守义"而著称的丽江木氏土司的发祥地，还是红军长征中的渡江之地，是滇西北革命的摇篮。境内各民族历来重视学习先进文化，尊师重教之风源远流长，历代人才辈出。明代的"木氏六公"，清代堪称"神州禁毒第一人"的著名诗人马子云，被誉为"诗书画三绝"的周霖，"南中泰斗、滇史巨擘"的方国瑜，"鬼才"的民族音乐家宣科，全国十大杰出青年、无臂书法家和志刚，均为玉龙儿女的优秀代表。

环球第一树——万朵山茶

纳西古乐演出场景

生物资源丰富多样

玉龙全县森林覆盖率74.4%，是川滇森林及生物多样性生态功能区、云南省重点林区，境内有2900多种种子植物，有2300多种中药材，被誉为"高山植物王国"和"药材之乡"。

美丽却贫困的白沙文海村

丽江拉市海高原湿地省级自然保护区

玉龙雪山晨曦

三江并流核心区

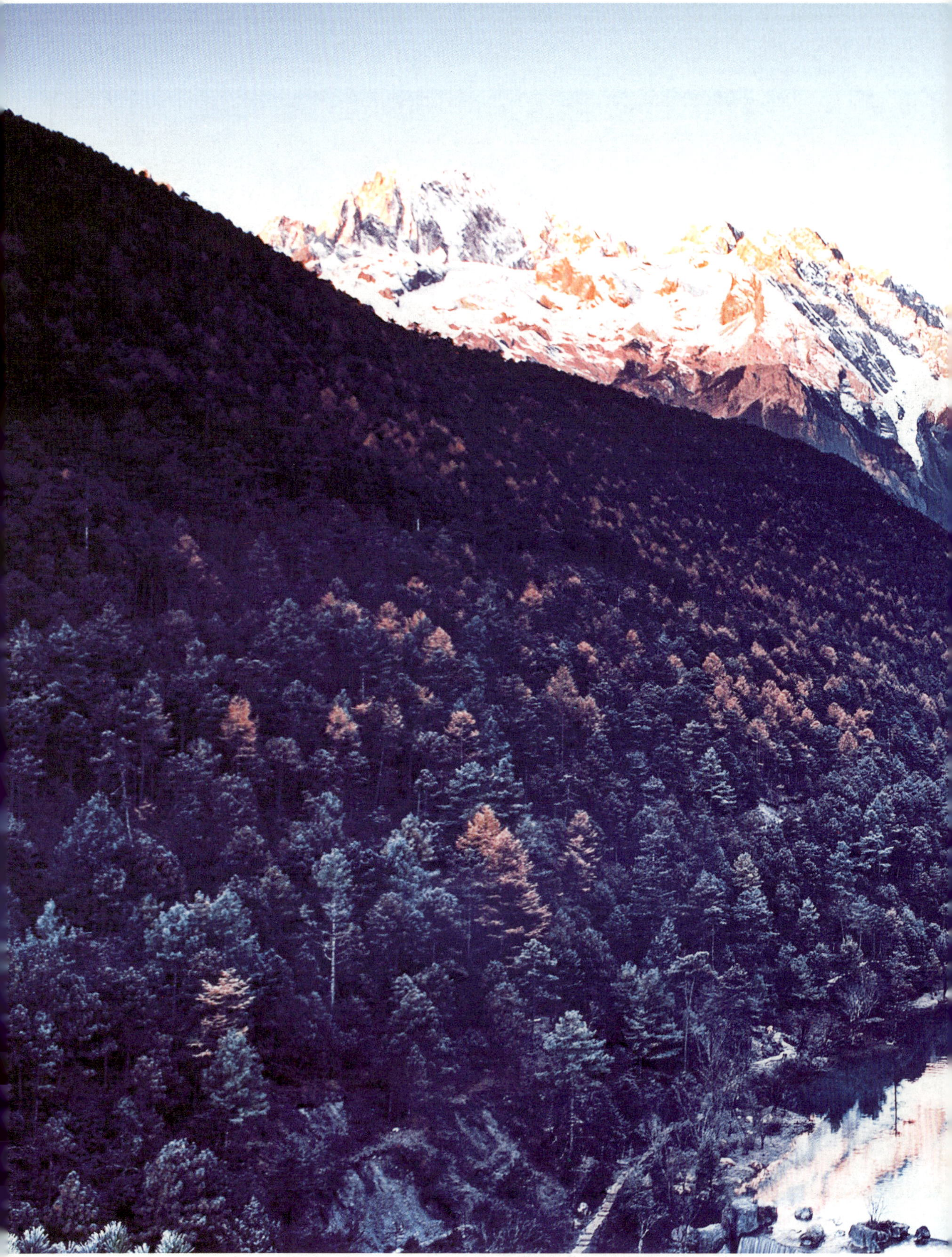

蓝月谷

第二节　牢记习总书记对云南的殷殷嘱托

农村贫困人口如期脱贫、贫困县全部摘帽、解决区域性整体贫困，是全面建成小康社会的底线任务，是我们做出的庄严承诺。

2015年新年伊始，习总书记一路颠簸赶赴深山峡谷中的云南，同村民拉家常、聊民情、谈生产、问生计，为云南未来发展擘画蓝图、确立坐标。

习总书记嘱托："希望云南用全面建成小康社会、全面深化改革、全面依法治国、全面从严治党引领各项工作，主动服务和融入国家发展战略，闯出一条跨越式发展的路子来，努力成为我国民族团结进步示范区、生态文明建设排头兵、面向南亚东南亚辐射中心，谱写好中国梦的云南篇章。"云南的脱贫攻坚和跨越之路豁然开朗，党中央对边疆民族地区的深切关怀，撒播到云南各民族群众的心田。

第三节　保护与开发的当代课题

如何做到既要绿水青山也要金山银山，如何确保消除贫困又不破坏生态环境？一场保护与开发并重的绿色脱贫攻坚战，正在玉龙大地上展开……

既能保住绿水青山，又能改变贫穷，该如何兼得与双赢？玉龙县作为长江中上游的国家重要生态功能区，生态保护与开发是当地党委政府及群众时时处处都需要重视并解决好的难题。过去，"靠山吃山，靠水吃水"，造成的是树木减少、河流断流、生态恶化。按照中央"共抓大保护、不搞大开发"的部署要求，玉龙县委、县政府牢固树立"创新、协调、绿色、开放、共享"的新发展理念，积极探索县域经济可持续发展之路，既要金山银山，更要绿水青山!

在精准扶贫中,玉龙县像保护眼睛一样保护绿水青山,任何项目和工程不到万不得已,绝不乱砍一棵树。截至玉龙县脱贫摘帽,全县的森林覆盖率已达74%,短短5年间整整提高了2%。监测数据显示:金沙江进入玉龙时年流量为400万亿立方,汛期水质为Ⅳ类,非汛期为Ⅲ类;当它流经丽江651公里出境时,年流量增至600万亿立方,汛期水质为Ⅱ类,非汛期有2个月为Ⅰ类,其余时间多为Ⅱ类。其中,美丽玉龙起了重要的水土涵养与净化作用。

当今玉龙,水更清了,江更绿了,天更蓝了,我们看到了发展与保护双赢的硕果。

玉龙县实施生态补偿工程资金使用情况　　　　　　　　　　（单位:万元）

退耕还林工程	155
森林资源管护聘用	319
森林生态效益补偿	212
能源建设	109
木本油料产业发展	107

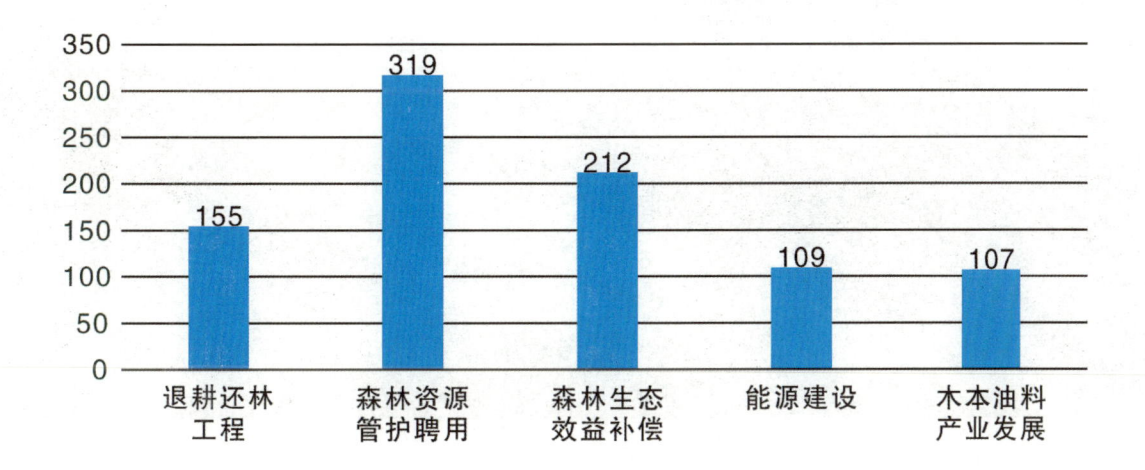

中国脱贫攻坚 | 玉龙故事

玉龙第三国

大写三江并流 | 02

03 Chapter

玉柱擎天

脱贫攻坚是党的建设的伟大实践

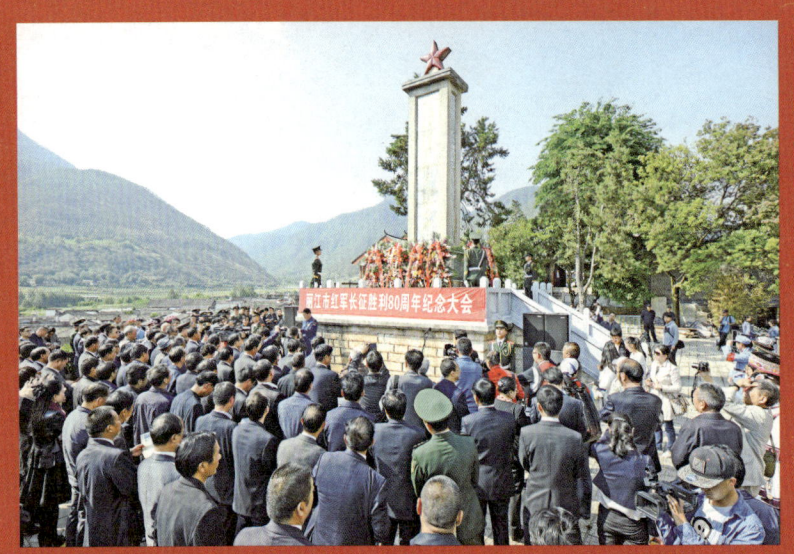

党，是旗帜，是方向，是希望，是人民群众的主心骨。有了党的领导，人民群众就有信心打赢每一场战争，无往而不胜。

在纳西先民心中，巍峨的玉龙雪山就像一座擎天玉柱，带来风调雨顺。如今，各级领导干部领着群众脱贫攻坚，他们成了广大贫困群众心中的擎天之柱，为他们的脱贫致富撑起了一片新天地。

> 抓好党建促脱贫攻坚,是贫困地区脱贫致富的重要经验,群众对此深有感触。"帮钱帮物,不如帮助建个好支部"。要把夯实农村基层党组织同脱贫攻坚有机结合起来。
>
> ——习近平《在中央扶贫开发工作会议上的讲话》
>
> （2015年11月27日）

第一节　五级书记抓脱贫

农村要发展,农民要致富,关键看支部。玉龙县一以贯之:五级书记齐抓共管,激活农村基层党组织和党员的先锋作用,实现党建脱贫"双推进";在全县农村党组织广泛开展"玉龙先锋村"争创活动,让党的旗帜飘扬在人民群众的心中。

旗帜飘扬,号角吹响,全民参战,不仅促进了党建,攻克了贫困,还带动全县农村各项工作整体上水平、上台阶,实现了基层组织强、干部队伍优、人民群众富、人居环境美、社会反映好的目标。

脱贫攻坚就是一场硬仗,军令既立,号角吹响,必须冲锋陷阵,矢志全胜。玉龙县将习近平总书记关于党政一把手脱贫攻坚工作责任制和"五级书记抓脱贫"的要求内化于心、外化于行。各级党政主要领导勇于担当、真抓

省委书记陈豪深入玉龙县与干部群众共商脱贫大计

省市县领导调研玉龙脱贫攻坚工作

市县领导深入贫困户调研

实干,以更加扎实的工作作风抓好脱贫攻坚;一级带着一级干,真正在脱贫攻坚一线锤炼干部,以脱贫攻坚实绩考察识别干部、选拔使用干部。把脱贫攻坚作为党建的最大载体和生动实践,实现了党建与脱贫的双赢。

没有一种担当,比肩负民族的前途命运更伟大;没有一种使命,比实现人民的共同梦想更崇高。以"忘我"的精神,克服一切困难;以"为民"的心态,打赢脱贫攻坚战。

■ **故事一:走遍村村寨寨的党委书记**

43岁的景灿春在基层一线工作了16年,他带领九河人民过上了好生活。

"做群众工作,就要走到群众中间,走进老百姓家中,跟老百姓拉家常,才能发现问题、解决问题。"九河乡86个村组,景灿春隔三岔五就要走一遍,建档立卡贫困户家中更是三天两头就要跑一趟,哪个村哪一户什么情况,他都能准确地随口道来。景灿春精准施策,牵头制定了《九河白族乡扶贫"十三五"专

景灿春与村民交谈了解烤烟收成情况

项规划》，完善了"帮户计划"，实现"一村一策、一户一帮"，对症下药，切实落实因户施策，真正扶到点上、扶到根上，确保贫困户最大限度得到扶持。

常年不着家的景灿春说到自己的付出，已然句句入心。"撸起袖子加油干"成了他的口头禅。在他的带领下，与村"两委"班子研究探索出"党（总）支部+企业+合作社+基地+贫困户"的产业发展模式，大力发展以山葵种植为主的高原特色产业。成立"金普84迈康种养殖专业合作社"（寓意84个贫困户共同奔小康），为贫困户解决就业并分红到户。目前，九河人民正享受着脱贫攻坚带来的红利。

心中有国家、心中有人民，哪还有"小我"？于是才会不言私利、恪尽职守、夙夜在公。我们的基层干部正是这样为了人民群众舍小家弃小我。

又是一年丰收时，乡镇干部顶着酷暑与贫困户一起收麦子

■ 故事二：三年回过九次家

"我是党员，带领大家奔好日子，我不干谁干？干不好怎么对得起祖先和后代？"时任奉科镇武装部部长，现任奉科镇党委副书记的王文松说话掷地有声，他用实际行动书写着一个共产党员的忠诚和担当。

深入基层、扎根农村，了解民情、服务群众。三年多来，王文松的足迹踏遍了奉科的每一个角落，为了摸清情况，他顶着酷暑，冒着严寒，行走于贫困户之间。记不清流了多少汗，加了多少班，吃了多少泡面。村里每一户贫困户的基本情况、致贫原因、帮扶措施等信息他都了如指掌。为了让贫困村民早日住上新房，他还亲自设计图纸，帮助村民建房。他心系奉科每一个贫困家庭，却无暇照顾自己的小家。母亲生病住院他不能陪伴在侧，三年间仅回过九次家。可他无怨无悔——"有多少父老乡亲在等着盼着我们这些共产党员给他们带去希望啊。"

用脚步丈量着民情，用真心换得了民心。这就是我们的基层党员，他们始终把人民放在心头，把使命扛在肩上。

第二节　党建脱贫"双推进"

在脱贫攻坚中，玉龙县深切地认识到，火车跑得快，全靠车头带。一个支部就是一座堡垒，带队伍必须抓基层，抓基层必须抓干部，将"党建带扶贫，扶贫促党建"发展思路贯穿于脱贫攻坚的全过程。2016年起，玉龙县推出"脱贫攻坚先锋村""基层党建先锋村""产业发展先锋村""美丽乡村先锋村""民族团结先锋村"等5个"玉龙先锋村"争创活动，形成"党支部+公司+合作社+电商""党建+民族文化+旅游产业+高原特色农产业""党组织+公司+贫困户"等党建脱贫"双推进"模式，实现基层党建与脱贫攻坚融合双推。

太平村"党建+扶贫"探索农业产业合作化发展路径

玉龙雪山脚下的甲子村,曾经是出了名的穷,现在却是出了名的富。到底是什么原因让这个山沟沟里的穷乡村发生了巨变?原来,这全跟党总支领导下的"红色企业"有关。

■ 故事一:"党建+"创造的红利

还在几年前,甲子村因为贫困"出名",可到现在,令甲子村出名的是富裕,犹如一场蜕变,让人难以想象。

甲子村村委会依靠旅游业反哺、精准扶贫政策,在2015年退出贫困村行列,但如何致富仍是个问题。刚换届上任不到一年的党总支书记和世坚在大量调研工作的基础上,于2017年1月注册成立了丽江甲子甘坂婚纱摄影有限公司，让甲子村村民人人当股东，为来玉龙雪山景区拍摄婚纱照的新人提供规范、优质的服务。公司成立以后，根据党员、团员设岗定责，充分发挥先锋模范作用。景区婚纱拍摄进入规范程序，原来因无人管理造成的环境卫生问题得到了好转，交通安全也比以前改善了许多。

公司服务质量一年比一年好，业绩一年比一年强，利润一年比一年多，人人参与分红。2017年12月26日人均分红1000元，2018年7月人均分红1000元，2019年1月16日人均分红1000元。

"要照顾绝大多数人的利益。"和世坚多次在公司党课上讲，"中国共产党是为绝大部分人谋利益才得民心得天下的，我们创办公司，也不能忘了绝大多数人的利益。"为此，决定总支委员不参加分红，并且每年从利润中拿出一部分用于甲子村的基础设施建设，支持教育和医疗卫生等公益事业发展，并积极帮助困难群众，放宽公司就业条件，照顾其子女在公司就业。

为拍摄婚纱照的新人提供规范、优质的服务

勤劳致富这句话放在和曜光身上再合适不过了，这位从龙蟠乡走出的丽江优秀青年企业家回乡再创业，成立了丽江铭记高生物开发有限公司，以公司为龙头，合作社为纽带，基地为示范，积极探索"公司＋支部＋基地＋合作社＋农户"的产业发展模式，推动生猪养殖产业化发展，引领农民增收致富，成为玉龙县党建带扶贫的一面旗帜。

铭记高养猪场外景

■ 故事二：一个支部就是一面旗帜

金沙江畔的龙蟠乡有个中国"100个最美养猪场"——铭记高养猪场。

和曜光既是得到当地村干部和群众信任的党总支书记，也是成立铭记高养猪场的带头人。"一人富不算富，共同富才是富"体现了他带领村民走出全新致富路的决心。

为降低农户养殖成本和养殖风险，提高农户的养殖积极性，和曜光为社员提供产、供、销"一条龙"服务，采取"六统一"规范生产管理模式，由企业统一培育优良猪仔投放到社员中饲养，饲养过程中由公司专业技术人员统一配给饲料、统一饲养管理、统一防疫、统一科技培训、统一收购，保障了养殖户的切身利益。

规模化生态养猪

同时，他高度重视发挥党员骨干的作用。龙蟠乡570户养猪成员中，共有党员示范户190户，其中年出栏优质肉猪1000头以上的党员户7户、500头以上的党员户45户。他成立党员骨干服务队为养殖户上门服务给予技术指导；设立养猪服务中心，为农户规划猪圈建设和养殖技术服务；划分生产管理区、设立科技服务先锋岗、明确结对帮扶服务点，采取分片包干、设岗定责、结对帮扶、双培双带的方式为养殖户提供全方位的科技服务；提供担保服务，让256户困难农户得到信用社的贷款，建设了规范化的猪圈。在壮大产业发展的同时，铭记高养猪场积极参与到村组公益事业建设中来，将收益用于完善村基础设施建设，扶持教育和尊老敬老事业上，让群众感受到党组织的温暖。

除此之外，为助推脱贫攻坚工作，铭记高养猪场承担起449户建档立卡户母猪"代养"任务，其中黄山镇32户、奉科镇150户、龙蟠乡267户，累计代养母猪449头。公司按"3223"分配模式，每户投入5465元产业扶持资金，当年就可以

与农户达成合作协议

收益3000元，四年内返补贫困户1万元。"在党委政府积极动员下，我参与了母猪代养，多亏了社会和政府的关怀让我有了一份保障。"建档立卡户和红根拿到分红款开心极了。

小小养猪场却承载了大大的梦想，让党组织和党员干部在挥洒实现梦想的汗水的同时，也着实为改变贫困户脱贫观念起到了带头作用，发挥了"政治引领、发展引擎"的先锋作用。

第三节　尽锐出战拔"穷根"

"我将无我，不负人民。"习近平主席回应意大利众议长菲科的一段话，赢得了无数人的由衷点赞。

"这么大一个国家，责任非常重、工作非常艰巨。我将无我，不负人民。我愿意做到一个'无我'的状态，为中国的发展奉献自己。"这是一个直抒胸臆、斩钉截铁的回答，这是一个振聋发聩、感人肺腑的回答。简洁有力，却一腔赤诚，彰显出人民领袖的真挚情怀。

"无我"是不计得失、不谋私利，是鞠躬尽瘁、无私奉献。从"人民对美好生活的向往，就是我们的奋斗目标"的拳拳之心，到"为人民服务，担当起该担当的责任"的铮铮誓言，全心全意爱民、贴心交心亲民，才能拥有心系人民、为民担当的博大胸怀。

在玉龙县脱贫攻坚的第一线，有这么一群人：他们是脱贫工作的中坚力量，他们长期驻扎在农村第一线，他们与群众同甘共苦，他们是最可爱的人。

驻扎在一线的工作队深入村民家中开展精准扶贫工作

党来自人民、植根人民、服务人民，党的根基在人民、血脉在人民、力量在人民。"为人民服务"——这不仅是一份庄严的誓词，一份沉甸甸的承诺，更是基层党员的躬行实践。

■ 故事一：十年如一日的"阿布达"

一米、两米、三米，一步、两步、三步……雪山脚下，金沙江畔，一个皮肤黝黑、身材挺拔的中年汉子，带着西南边陲纳西族特有的豪爽，迈着矫健步伐穿梭在贫瘠土地的高山深涧，他就是荣获云南省"人民满意的公务员"称号的玉龙县扶贫办主任和献忠。"人民群众的满意就是对我工作最大的肯定。"这是他常挂在嘴边的一句话。

生在农村、长在农村，他知道只有走近贫困群众才能收获精准良方。每年下乡平均150多天，行程上万公里，走遍全县所有贫困村组，群众都亲切地称他为"扶贫好大哥"。为切实提升困难群众生产生活水平,他多方协调争取项目资金,累计审批实施了整乡整村推进、产业扶持、安居工程等共186个项目,总投资达4.09亿元。为高效利用项目资金,他走进每户贫困家庭,让建档立卡户户均1.9万元的致富产业欣欣向荣,666公里的村组道路得到硬化,3.8万户人畜饮水得到巩固提升,4G网络实现村级全覆盖,11764户安居房建成。

十年如一日,十年磨一剑,和献忠用自己的言行践行着"小康路上,不让一个贫困群众掉队"的庄严承诺。他用脚步丈量大山的高度,用心灵体味人间的冷暖。有人说:"你都已经50多岁了,这样兢兢业业起早贪黑的,图个啥呢?"他坚定地说:"我珍惜岗位赋予的使命,只求干好每件事,做一个无怨无悔的人。"

"阿布达"跋山涉水,深入每村每户了解群众实际困难

(注:阿布达,纳西语中指性格耿直、助人为乐的纳西男子。)

把人民放在心头，把使命扛在肩上，与人民心心相印、与人民同甘共苦、与人民团结奋斗，这就是我们的基层党员。他们牢记使命，不计得失，抒写着人生路上一曲曲无怨无悔的真爱之歌。

■ 故事二：一心为民的最美乡长

在玉龙县的扶贫路上，有一位基层干部广受大家爱戴，被全乡干部群众亲切地称为"一心为民的最美乡长"，他就是黎明傈僳族乡党委副书记、乡长李建勋。为了让贫困户从"要我脱贫"到"我要脱贫"，李建勋真正把扶贫工作落到了实处。

为落实海立子易地搬迁项目，改善村寨基础设施，李建勋走遍了全乡118个村民小组，尽管经常吃"闭门羹"，还被村民埋怨，但他始终用笑脸对待大家；为了激发建档立卡贫困户的内生动力，他积极与玉龙县东盛种养殖开发有限公司寻求合作，为有能力饲养能繁母猪的建档立卡贫困户每户购入了一头能繁母猪……这些，只是李建勋日常工作的一个缩影。群众无论大小事找到李建勋，他都认真对待，从不敷衍马虎，在无数的风雪岁月里，他默默无闻地把"奉献为民"的足迹深深镌刻在艰难的扶贫路上。他始终以一颗为民担当的拳拳之心，用汗水和艰辛托起了黎明乡"脱贫致富"的幸福梦，用实际行动诠释了一位共产党员对党的事业的铿锵誓言和对人民群众的大爱情怀。

2018年，李建勋被评为"云南最美基层干部"。

李建勋和村民一起疏通被山洪淹没的村道

在村头巷尾、田间地头、贫困群众家中，在玉龙县这场脱贫攻坚战中，我们总能看见基层干部辛勤奔波的脚步，挂满汗水的笑脸。他们是乡亲们的贴心人，他们为群众办实事，用真情换取信任，用真心焐热民心。他们的名字也印在了老百姓的心间。

■ 故事三：四十年"村官"破"六难"

为"官"四十载，用脚丈量新尚村路，这是玉龙县龙蟠乡新尚村原党支部书记兼村委会主任和积华一心为民、服务群众的"村官"风貌。

面对高海拔、居住分散、多民族聚居的省级贫困村——龙蟠乡新尚村，和积华身体力行诠释了

和积华与村民交流种植大蒜的经验

"没有比人更高的山，没有比脚更长的路"。任职期间，他与党员群众共同解决了"行路难""读书难""用水难""就医难""用电难""增收难"六大民生问题。

1985年实现了户户通电；1995年，历时3年修通了长15公里的乡村公路，打开了山寨的大门；1998年新建了中心完小，全村先后出了50多个大专生；2000年又建了两个电视接收发射站，改善了山区人民的生产生活和文化生活。与此同时，率先在全乡修建了第一个村卫生室，并因地制宜大力推广烤烟、大蒜、青梅、黄皮梨、核桃等经济作物和林果业，发展畜牧养殖。"我会牢记过去，展望未来，做一个新时代的好党员！"

和积华看着村里的新变化，心里高兴又满足。"之所以能无怨无悔地走

我的'村官'之路，一是靠党的领导和各级政府的帮助；二是坚持学习，方向明、不掉队；三是心里装着人民，为山区人民尽快改变贫困命运不懈努力。感谢党的好政策，农民的日子越过越好了！"

"立党为公，执政为民"是我们党的立党之本、执政之基和力量之源，共产党人只有一心为公，立党才能立得稳；只有一心为民，执政根基才能打得牢；只有大公无私，才能汇聚起实现民族复兴的磅礴力量。

■ 故事四：帮农户吆喝的"县官"

2018 年，在上海市对口帮扶地区特色商品展销会上，丽江展馆人头攒动，展馆前一个中年男子特别吸引人们的目光，每天都能听他操着纯正的上海方言，声音洪亮地推介来自丽江的农特产品。亲切的乡音，纯正的特产，被打动的顾客纷纷抢购展品，

张国权在展销会上向上海市民推介丽江农特产品

产品供不应求，只好一次又一次空运。订单如雪片般飞来，企业乐了，群众乐了，纷纷竖起大拇指夸奖帮助他们用情叫卖的人，"好样的，真是好样的，太感谢了！"这个人就是沪滇协作中上海杨浦区派驻丽江开展援助工作的张国权同志。

按照中央要求，上海杨浦区结对帮扶丽江市及玉龙县，三年来共有 5 个部门 85 家企业和社会组织，与丽江市 3 个贫困县 21 个乡镇 105 个贫困村结成帮扶对子，直接受益贫困户 5945 户 23000 人。共安排沪滇合作项目 59 个资金 8900 万元，援助资金 1.8 亿元，强基础、兴科教、促消费、转劳务，

仅为玉龙县转移农村劳动力就达 4000 多人，玉龙大量农产品销售到上海，有力地推动了玉龙县如期脱贫摘帽。

特别是张国权等几位援助干部舍小家顾大家，变他乡为故乡，积极推动"丽品入沪"和劳动力转移，密切东西两地联动发展，有力地支持了当地脱贫工作。

迎着旭日光芒行走在田间地头、乡村小路上的是谁？伴着落霞余晖与村民亲切嘘寒问暖的是谁？带着百姓的重重心事而回，又把排忧解难的对策送进百姓手心里的是谁？他们有一个响亮而温暖的名字——驻村扶贫工作队。

选派工作队是加强基层扶贫工作的有效组织措施，县委、县政府把选优派强驻村扶贫工作队员作为抓好脱贫攻坚、实施精准扶贫的重要抓手，切实把素质好、能力强、作风实的优秀干部派往脱贫攻坚第一线。

脚下沾有多少泥土，心中就有多少真情！在每一个贫困村庄，每一个贫困户家中，都留下了驻村工作队员的脚印，也留下了一个个感人的故事。

玉龙县山区鸟瞰图

以村为家，把群众事当成自己事。驻村工作队员如同春风为一座座村庄带来了勃勃生机，如同春雨滋润了一位位贫困村民的心田。他们心系每一个贫困家庭，却无暇照顾自己的小家。

故事五：巾帼不让须眉

2017年3月，曹建秋来到有94户建档立卡贫困户的省级贫困村——利苴。为了摸清建档立卡户的底数、落实帮扶措施，曹建秋几乎走遍了利苴的每一个角落。逐户走访过程中，常常需要驱车颠簸，再走上一两个小时甚至大半天的山间小道才能到贫困户家中，但为了解实情，她带头跋山涉水深入村组与农户倾心交谈。"她干劲十足，从来没听她抱怨过，每天来回走几个小时的山路，有时候还得一个人走夜路回家。深山老林的，别说女同志了，我们男同志都害怕呢。"同事提到曹建秋时竖起了大拇指。

驻村工作开展以来，作为女干部的曹建秋有着很深的感触。"我父亲去世的时候没赶上见最后一面，女儿高考的时候也没能陪伴她，为人女、为人妻、为人母，却不得不选择舍小家为大家！"同时，曹建秋也表示，为了利苴村早日脱贫，就算有再多的困难也一定能克服，这是每一位驻村队员的初心，也是在践行共产党员为人民服务的使命。

在脱贫攻坚这场没有硝烟的"战役"中，曹建秋展现了女性的细腻和耐心，用汗水浇筑了百姓的脱贫路、丰盈了群

曹建秋奔走在去往贫困户家中的崎岖小路上

深冬夜晚，曹建秋不畏严寒到贫困户家中了解情况

众的钱袋粮仓,并用实际行动诠释着巾帼不让须眉的时代风采!

山高坡陡、沟壑纵横、资源匮乏,基础设施落后,扶贫工作从来不轻松,但我们的扶贫工作队员却能够苦中作乐,扑下身子"扶真贫、真扶贫",用诗歌记录驻村扶贫工作中的点滴,用妙笔描绘可爱乡村的美好蓝图。

故事六:我叫山果

奉科镇是玉龙县最偏远、最贫困的乡镇,而达增村又是奉科镇最偏远、环境最恶劣的贫困村。

年过半百的和庚源作为驻村扶贫工作队队长,面对艰苦的环境没有退却,勤走村民家,脚踏实地认真入户了解村情民意,沉下心来扎根达增村。在驻村扶贫的两年内,他从自己的20本《驻村日记》中,梳理提交近18份调查材料。结合脱贫攻坚实际,和庚源对达增村整体脱贫提出了规划,最终通过市、县挂联单位的大力支持,显著改善了达增村的基础设施,2017年达增村退出了贫困村。目前,达增村建档立卡贫困户人居环境建设已全部完工并入住新房;产业扶持取得新的进展,人均1亩户均5亩的产业规模已形成,村民的"精气神"明显提高。

和庚源访贫途中小憩

《我叫山果——扶贫诗·文选》

工作之余，和庚源还撰写了反映达增村脱贫攻坚正能量的文章，出版了作品集《我叫山果——扶贫诗·文选》，为脱贫攻坚战谱写了动人篇章。

也许我的名字很土
但却是父母给我恩赐
遍野山果是我的同伴
乡亲们叫山果时
是我最高兴的时候
…… ……
大山里有一群和
我一样叫名的山果
山果们期盼着蓝天
山果们希望着明天
　　——《我叫山果》节选

寂静的村庄
像是被人遗忘的山谷
平静得没有一点气息
只有村头那只瘦小的黄狗
似乎告诉行人
村里还有人烟
…… ……
日子一天天地变长
不变的是村中的容貌
和小黄狗渐渐地变老
村庄很脆弱

但也很顽强

只要老人还在

村庄始终是在外游子的精神家园

　　——《老人与狗》节选

大山在低沉中

告诉我

贫穷并不可怕

可怕的是失去信心

人可以被打倒

但不能被打趴下

…………

　　——《大山的情怀》节选

山谷里花椒飘香

玉米地包满垂垂

金色的秋天

向你招手

丰收的喜悦

村民的笑脸

在扶贫小路上

慢慢延伸

幸福的花朵

开遍山野

　　——《一条扶贫小路》节选

玉龙县委领导为该书所作序言深情赞扬：我们清晰地听见那些汗淋淋的行进回声，我们深切地看见那些写在大地上沉甸甸的业绩！正因有大批同和庚源一样的人无怨无悔地坚守，全县的驻村工作才得以有效展开；正因一线攻坚同志胸中有民生、心里存群众、肩头勇担当，全县的脱贫攻坚战才可能决胜、志在必得！

扛起党建扶贫的"先锋旗"，当好党建扶贫的"实干家"，这或许是对基层党员最真实的写照。进村入户走访调查，加班加点紧抓发展。是他们为乡里乡亲排忧解难，是他们让村容村貌焕然一新，是他们让扶贫工作更接地气……

■ 故事七：扶贫在哪里，攻坚就在哪里

玉龙县九河乡北高寨村村委会的志愿服务队成员是普普通通的农民，平时要耕田、种地，外出打工改善家庭生活，当村里需要的时候、当群众需要的时候，他们亮出了另外一个身份——共产党员。

30多年义务赡养五保户

1982年，膝下无儿无女的五保户奚礼绍因残疾丧失劳动能力，生活处于无依无靠状态，北高寨村村委会本甲古村民小组的9名党员，带领村里的36户村民，担负起义务赡养他的任务，30多年风雨无阻。

村村有一支活跃的党员服务队

北高寨村党总支有7个支部138名党员，分别成立了科技、绿化、种养殖、环境卫生、文艺、和谐用水、抗旱防汛等7支党员服务队。一年内带领群众进行大小排灌沟清淤4750米，修补田间机耕路2070米；每人结对关爱1到5名困难群众，在春节等重大节日期间送去粮油等物品。

哪里有困难哪里就有党员服务队

2015年初，在党支部的带领下，6个村民小组投工2010个，完成了3公里多的公路硬化。同年，栽插季节旱情严重，快乐党员服务队便组织年

快乐党员服务队清理河沟

轻党员连续一周进行清淤，确保作物及时得到灌溉，并筹集物资看望困难群众。

在烤烟产业发展之初，太平党员服务队积极响应发展烤烟产业的号召，齐心协力走村入户做工作，调出连片面积。种植烤烟的6年来，每年至少解决了350多个工日的闲散劳动力，创造了户均增收4500元的经济效益。

如今的北高寨7个村民小组土路变成水泥路，家家门前都有了路灯，村民们的生活一天比一天好。

党员服务队协助危房改造

"绣花"功夫

04 Chapter

到村到户到人　工作精准到位

2017年，习近平总书记在十二届全国人大五次会议上提到，脱贫攻坚全过程都要精准，需要下一番"绣花"功夫。

"绣花"二字，意味深长！

"绣花"功夫，到底是一种什么功夫？

这是一种精细的功夫，这是一种用心用情的功夫！

打好脱贫攻坚战，成败在于精准。精准扶贫必须下"绣花"的功夫。

> 打赢脱贫攻坚战不是搞运动、一阵风,要真扶贫、扶真贫、真脱贫。要经得起历史检验。攻坚战就要用攻坚战的办法打,关键在准、实两个字。只有打得准,发出的力才能到位;只有干得实,打得准才能有力有效。
>
> ——习近平《在东西部扶贫协作座谈会上的讲话》
>
> (2016年7月20日)

第一节　精准脱贫的玉龙实践

从扶贫对象精准、项目安排精准、资金使用精准、措施到户精准、因村派人精准、脱贫成效精准的"六精准",到扶贫对象不愁吃、不愁穿,保障义务教育、基本医疗和住房安全的"两不愁三保障"。凡事只有因时、因地、因人精准谋划、精细施策、精确验收,认真地下足"绣花"功夫,才能真正把"四个全面"的战略布局落地、落实、落细,才能绣出一幅国强民富的锦绣画卷。

玉龙县将脱贫攻坚作为全县最大的政治和民生工程,以"绣花"的功夫精准细化政策措施:制定议事规则,坚持县委常委会每个季度至少一次、县扶贫开发领导小组每个月至少一次、乡镇党委班子每个月至少一次、村党支

中国脱贫攻坚 | 玉龙故事

市县领导一线督导

玉龙县委、县政府多次研究部署脱贫攻坚工作

部每两周至少一次、村民小组和驻村扶贫工作队每周至少一次集中专题研究推进落实脱贫攻坚工作。县级出台40余份文件，各部门结合各自工作职责制定了专项扶贫实施方案30余份，为决胜脱贫攻坚提供了强有力的政策支撑。一次次遍访确保了贫困人口识别精准率达到99%，漏评、错评率控制

各级领导实地督查

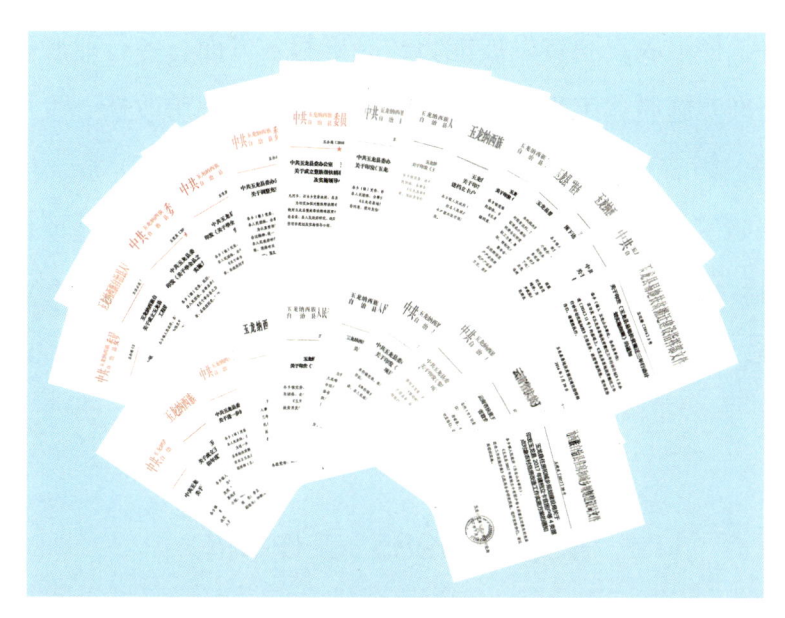

玉龙县脱贫攻坚系列文件

在1%以内。精准确定脱贫路径：确定决胜脱贫攻坚"1985"工作思路，即围绕"一个目标"，实施"九大工程"，落实"八个精准到户"，实现"五个确保"，贫困村"五有"（一有骨干特色优势产业，二有年1万元以上的村级集体经济收入，三有通达通畅的通村公路，四有适龄儿童方便入学条件，五有合格的卫生室和村医）、贫困户"六有"（一有人均纯收入超过当年国家贫困标准，二有户均一亩以上稳定可持续增收的经济作物，三有户均三头以上商品牲畜出售，四有户均一幢人畜分离、厨卫入户的安居房，五有户均一人掌握一门以上实用农产业技术，六有安全清洁的饮用水、稳定的生产生活用电），全力推进精准扶贫工作落实。精准落实工作责任：坚持"县负总责、部门联动、乡镇主体、村为重点、工作到组、扶贫到户、责任到人"，形成上下贯通、横向到边、纵向到底的责任体系。精准发力攻坚拔寨：组建基层党员服务队186支3419人，青年志愿服务队10支120人，巾帼帮扶服务队121支1430人，文艺下乡小分队4支62人，科技服务小分队16支149人，扎根脱贫攻坚一线，走村串寨帮劳力、帮技术、帮理财，深入贫困户家中宣传脱贫政策，帮助农户厘清脱贫思路，通过特色种植养殖业的发展改善贫困户生活条件，增强农户脱贫发展能力，凝聚起各方面、各行业脱贫攻坚的强大合力。精准实施脱贫工程：全力实施易地搬迁、危房改造、发展产业、基础设施改善、教育助学脱贫、转移就业脱贫、发展旅游脱贫、生态效益补偿、社会保障等"九大工程"；实施3个省级贫困乡整乡推进项目、直过民族脱贫项目、普米族整族帮扶项目，做到扶贫对象精准、扶贫产业精准、扶贫方式精准、扶贫成效精准。不搞花架子，下足"绣花"功夫，以脱贫实效论英雄。

玉龙县"1985"工作举措

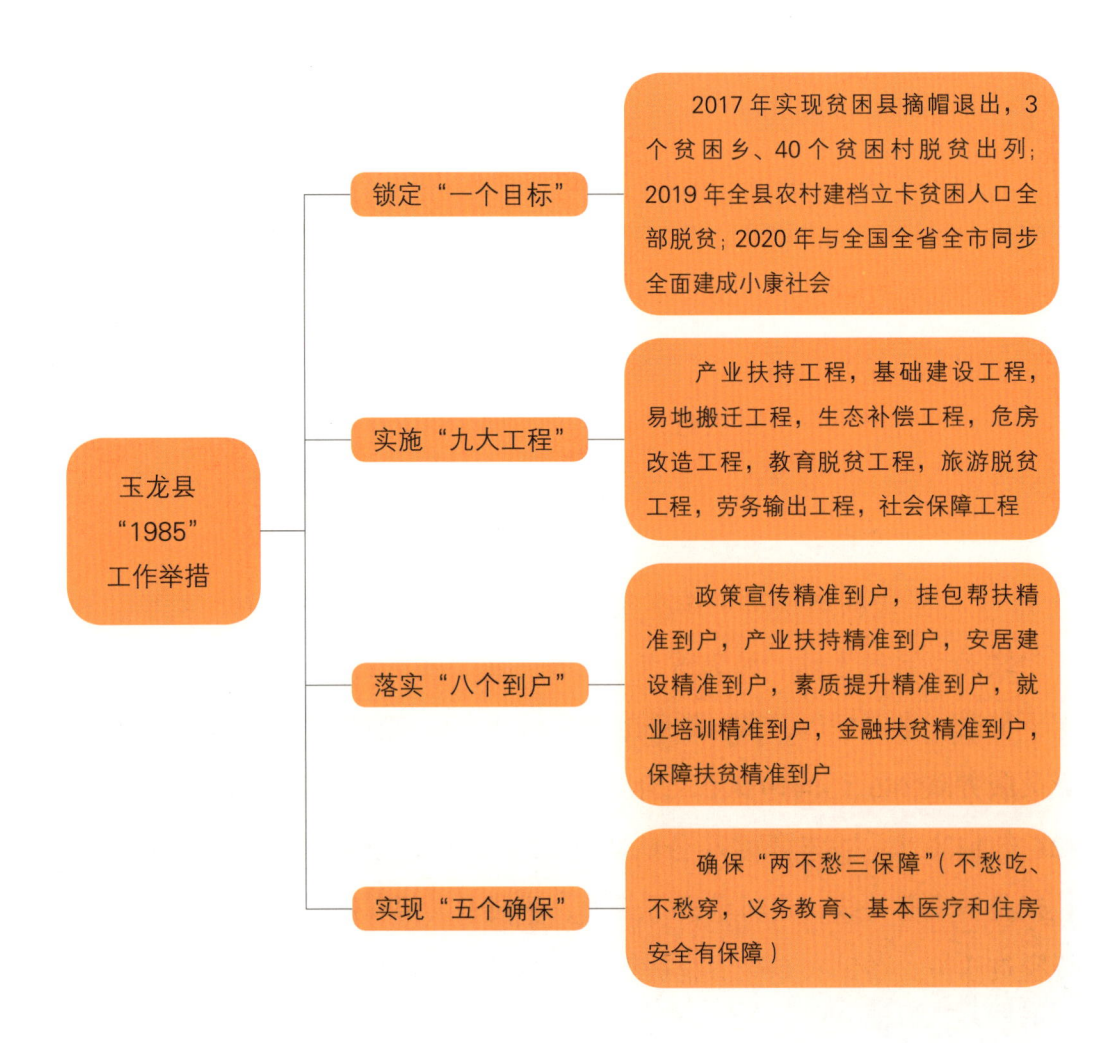

玉龙县"1985"工作举措		
锁定"一个目标"	2017年实现贫困县摘帽退出，3个贫困乡、40个贫困村脱贫出列；2019年全县农村建档立卡贫困人口全部脱贫；2020年与全国全省全市同步全面建成小康社会
实施"九大工程"	产业扶持工程，基础建设工程，易地搬迁工程，生态补偿工程，危房改造工程，教育脱贫工程，旅游脱贫工程，劳务输出工程，社会保障工程
落实"八个到户"	政策宣传精准到户，挂包帮扶精准到户，产业扶持精准到户，安居建设精准到户，素质提升精准到户，就业培训精准到户，金融扶贫精准到户，保障扶贫精准到户
实现"五个确保"	确保"两不愁三保障"（不愁吃、不愁穿，义务教育、基本医疗和住房安全有保障）

"绣花"功夫 | 04

精准发力
攻坚拔寨

一是县委、县政府主要领导一线推进落实。县级43名处级干部挂乡包村联户，投入70%以上精力进村入户、靠前指挥，实地解决存在问题；乡村干部分片包干，压实责任，具体落实；62支驻村工作队7452名驻村干部每周至少驻村"五天四夜"，保证攻坚的力量和力度

二是党建脱贫融合双推。全县农村党组织广泛开展"脱贫攻坚先锋村""基层党建先锋村""产业发展先锋村""美丽乡村先锋村""民族团结先锋村"5个"玉龙先锋村"争创活动，每年评选一次，每个先锋村3个名额，每评上一个"先锋村"，所在村党支部书记、主任下一年度工作报酬每人每月提高500元，其他村干部提高300元

三是全县动员全民参与。组建基层党员服务队186支3419人，青年志愿服务队10支120人，巾帼帮扶服务队121支1430人，文艺下乡小分队4支62人，科技服务小分队16支149人，走村串寨帮劳力、帮技术、帮理财，深入贫困户家中宣传脱贫政策，帮助农户厘清脱贫思路，通过特色种植养殖业的发展改善贫困户生活条件，增强农户脱贫发展能力，凝聚起各方面、各行业脱贫攻坚的强大合力

扣好脱贫攻坚第一颗"纽扣"

玉龙县委、县政府始终聚焦"两不愁三保障""三率一度"标准要求，突出贫困村、贫困人口，把精准识别作为脱贫攻坚的基础与关键，研究制定《玉龙县贫困对象动态管理工作方案》《玉龙县贫困对象动态管理工作流程》，扎实开展全面遍访和多轮动态管理，做到

贫困户精准脱贫帮扶卡

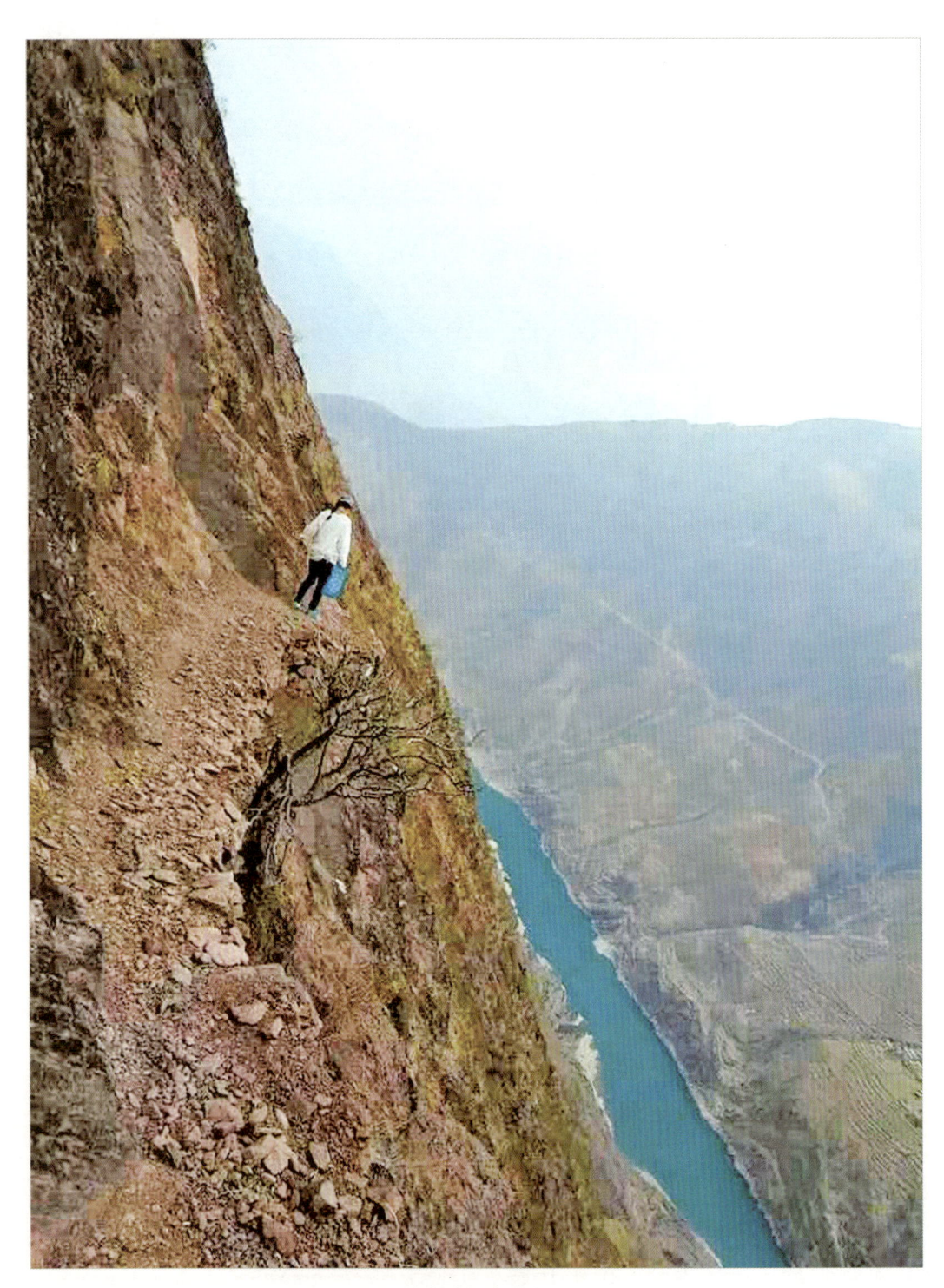

脱贫攻坚在路上

了"应纳尽纳"。其中，2016年深入开展"找问题、补短板、促攻坚"专项行动，派出由县处级领导带队的17个工作组共479人，细致排查28个村3107户农户。2017年，深入开展动态管理，17个乡镇（办事处）以村民小组或自然村为单元，严格落实县处级干部挂乡包村和乡镇干部分片包干工作责任制，组建动态管理工作队101支5919人，遍访5.3万余户，召开贫情分析会865场，夯实了脱贫攻坚基础。

"六个精准"贯穿始终

坚决贯彻落实习近平总书记关于脱贫"六个精准"的重要论述，做到扶贫对象精准、项目安排精准、资金使用精准、措施到户精准、因村派人精准、脱贫成效精准，确保到村到户到人工作精准到位。

一户一户研究、一项一项推动、一件一件落实

扶贫工作队员入户遍访

（一）扶贫对象精准。以群众人均可支配收入为基本衡量标准，坚持"五看、五不录、六优先"的原则，推行"一进二看三算四比五议六定"的识别方法，摸清底数、多轮识别，确保2014年、2015年、2016年、2017年建档立卡贫困人口识别精准，通过"三评四定""五查五看"，精细开展多轮次动态管理，2017年末全县有建档立卡贫困人口4154户15663人。

（二）项目安排精准。逐村逐户调查，系统分析建档立卡贫困人口致贫原因，因户因人施策，做到采集信息准确、帮扶责任明确、帮扶措施精确，实现扶贫政策与措施全覆盖。金融扶持、产业扶持、易地扶贫搬迁、农村危房改造、教育帮扶、技能培训、转移就业、生态扶持等，每户至少覆盖4项以上。

（三）资金使用精准。以3个省级贫困乡、40个省级贫困村为重点，因地制宜细化方案，将资金、项目、力量和金融、文化、教育、科技资源优先配置到贫困地区，整合部门项目资金、发挥社会帮扶力量，举全力做好投入保障。2014—2017年全县累计投入各类资金68亿元，其中2014年投入8亿元，2015年投入15亿元，2016年投入25亿元，2017年投入20亿元。

（四）措施到户精准。严格对标贫困退出标准，一户一户研究、一项一项推动、一件一件落实，截至2017年末全县累计脱贫3794户11496人，人均纯收入达到3500元以上，稳定超过国家脱贫标准。实施易地扶贫搬迁项目、农村危房改

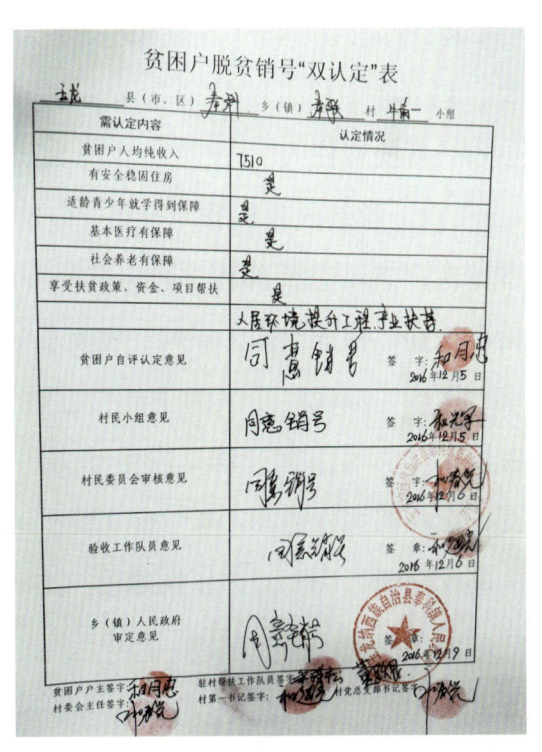

贫困户脱贫销号"双认定"表

造、农村安居工程建设共计 21295 户，覆盖建档立卡贫困户 4092 户，占全县建档立卡贫困户的 98.5%，实现所有建档立卡贫困户住房安全稳固。强力控辍保学，实现义务教育阶段无辍学。加大健康扶贫力度，全县建档立卡贫困户家庭成员 15663 人全部参加新型城乡合作医疗保险并参加大病统筹，实现应保尽保、全员参保。

开展一户一帮扶工作

（五）因村派人精准。坚持尽锐出战，切实把素质好、能力强、作风实的优秀干部派往脱贫攻坚第一线，全县组建驻村扶贫工作队 62 支，队员 434 名，省市县 345 个挂联单位 7452 名干部职工挂全县 16 个乡镇 1 个办事处、包 104 个村、结对帮扶 4154 户 15663 人，实现"一村一帮扶工作队、一户一帮扶责任人"。

（六）脱贫成效精准。按照"应纳尽纳、应退尽退、应扶尽扶"的要求，多轮次开展动态管理和"回头看"，严格筛查、比对、核准，确保贫困人口精准识别、精准退出。同时，扎实做好群众宣传教育，全面开展以厨房、卧室、厕所、庭院、个人为主的"五整洁"专项行动和"自强、诚信、感恩"主题活动，着力提升群众内生动力，激发脱贫奔小康的精气神。经多次调查，全县贫困发生率小于 3%，漏评率小于 2%，错退率小于 2%，群众满意度高于 90%，顺利通过了国家第三方考核评估。

2013—2018年玉龙县未脱贫户数及人数

年份	人数	户数
2013年	15663人	4154户
2014年	13835人	3708户
2015年	10676人	2910户
2016年	3729人	1076户
2017年	1143人	357户
2018年	588人	190户

2014—2018年玉龙县农村常住居民人均可支配收入

年份	人均可支配收入
2014年	7383元
2015年	8359元
2016年	9272元
2017年	10181元
2018年	11128元

玉龙县脱贫攻坚主要成效

安居 全县累计实施易地扶贫搬迁项目、农村危房改造和抗震安居工程建设、玉龙县农村安居工程建设共计 21295 户，覆盖建档立卡贫困户 4092 户，占全县建档立卡贫困户的 98.5%，实现全县建档立卡贫困户住房安全稳固

道路 全县 104 个村（居）委会、乡镇（办事处）已实现通硬化道路

教育 贫困家庭适龄儿童入学率达 100%，实现义务教育阶段无因贫辍学，高中或职业院校教育以及大学教育不因贫困受影响

电网 均实现通 10 千伏以上动力电，网络宽带全覆盖，广播电视覆盖率达 100%，并确保每个贫困户有 1 台电视机

保险 全县建档立卡贫困户家庭成员 15663 人全部参加新型城乡合作医疗保险及城乡居民社会养老保险，实现应保尽保、全员参保

饮水 实现通自来水或饮用水，人力取水半径不超过 1 公里

扶持 实现扶贫政策、金融扶持、产业扶持项目 100%

医疗 40 个省级贫困村卫生室全部达标，每一千人常住人口医疗卫生机构床位数达 1.2 张，配备不少于 1 名乡村医生

帮扶 易地扶贫搬迁、农村危房改造、教育帮扶、资产收益、就业培训、有序转移就业、生态扶持等资金项目帮扶覆盖 50% 以上贫困户，每户至少得到 4 项帮扶项目的支持

综合 全县 104 个村（居）委会均有公共服务和活动场所；全县 104 个村（居）委会均有 2 万元以上村集体经济收入；截至 2017 年全县农村常住居民人均可支配收入为 10181 元，同比增长 9.8%，较全省 9.3% 的增幅高 0.5 个百分点

第二节　因户施策真扶贫扶真贫

因地制宜才能走出扶贫新路子，精准施策才能充裕村民口袋子。结合实际，充分发挥地方资源优势，倾听群众心声，使扶贫项目落地生根，开花结果，让贫困户真正得到实惠，才能实现"真扶贫、扶真贫"。

■ 故事一："针"功夫"织"富路

李寿兰坐了一个小时的公交车早早到了单位，在一幅绣了大半的唐卡前开始穿针引线。

"娃娃上学、家里的老人看病，用的都是刺绣赚来的钱，都很有干劲儿！"普米族人李寿兰快人快语，"要不是参加培训学刺绣，现在还不知怎么穷呢！"

2013年，家在玉龙县鲁甸乡的李寿兰听说种玛咖赚钱，便和老公一起贷款5万元种起了玛咖。结果价格暴跌，赔了个精光。公公婆婆接连生病，全家成了建档立卡贫困户。

正在刺绣的李寿兰

"2016年5月，正在我苦闷时村干部找到我说，可以去参加免费的刺绣培训，我立马报了名。"培训班是全省各级人社部门与各部门联合发力开展的，"不仅免食宿，还发困难生活补贴"。李寿兰的同事杨金凤接过话头说道。结业后，研究纳西刺绣创作的玉龙白沙锦绣艺术院根据学员的情况，和学员签定劳动合同，或签定作品回收协议让大家足不出户也能赚钱。

政府给平台，自己出力气。李寿兰、杨金凤在艺术院每个月有近 4000 元收入。近几年，玉龙县共培训了 200 多名贫困妇女学习刺绣，人社部门不仅支持艺术院成立了职业培训学校，还积极鼓励绣娘们参加各种赛事。李寿兰的作品荣获"2016 第十届昆明国际民族民间工艺品博览会"银奖，杨金凤被评为"云南省刺绣工艺大师"。

"去年，我家贷了点儿款买了辆轿车，老公跑出租收入还可以，孩子也接到了城里上学。"阳光透过窗户温暖地照在李寿兰的脸上。针线在绣布上轻盈穿梭，她面前的多彩世界正在不断延伸……

以"绣花"功夫全力做好精准施策、精准推进、精准落地，才能将扶贫举措落地落实。以更有力的行动、更扎实的工作，集中力量攻克贫困的难中之难、坚中之坚，才能打赢脱贫攻坚这场硬仗。

■ 故事二：酿甜蜜事业，闯脱贫新路

玉龙县的傈僳族世居高海拔山区，针对傈僳族喜欢在房前屋后养一两窝蜜蜂的习俗，玉龙县政府为他们免费提供蜂箱、技术、销售门路，将养蜂发展为一个户户受益的产业。

通过专家进行理论教学和现场培训，培养出一批养蜂能手，并通过"技术指导员+贫困养蜂户"和"养蜂能手+养蜂新人"的模式对全县养蜂户、贫困户进行中蜂的科学饲养技术培训，通过技术升级实实在在地脱贫致富。

九河乡中和村蜂农王雪鹰是玉龙县第一个出售活框中蜂的蜂

养蜂培训现场教学

农，养蜂场从原先的年收入2万元增加到十几万元，并成立了玉龙县雪鹰中蜂生态养殖专业合作社。

塔城乡十八寨沟蜂农和青松现已成为塔城乡中蜂养殖能手，并与传统养殖相结合制作出适应高寒山区环境的"圆桶中蜂活框蜂箱"，有效地解决了中蜂过冬时由于气候寒冷导致飞逃和死亡的现象。

黎明乡格拉丹村蜂农沙继全，通过学习、培训中蜂活框养殖技术，当年就收益近6万元，现在已建成4个中蜂养殖场，有中蜂280群，其中活框饲养240群，成为玉龙县彝族同胞中的养蜂"第一人"。

"养好蜂，财富通"，短短的两三年间，全县5个乡镇400户建档立卡贫困户以养蜂实实在在地脱贫致富。养蜂养得好不仅增加收入，政府还会给示范户发奖金，"养好十箱蜂、增收一万元"，山区贫困户正通过这项甜蜜的事业奔向甜蜜新生活。

幸福美好的生活不会从天而降，脱贫致富终归是要靠贫困群众用自己的双手来创造。让贫困群众具备脱贫的知识和技能，通过知识和技能不断创造财富，把"要我脱贫"变为"我要脱贫"，这才是脱贫攻坚的关键。

■ 故事三：小花椒撑起脱贫一片天

和继光是奉科镇达增村村民，年均收入仅为1500元左右，2014年被评定为建档立卡贫困户。政府分发给和继光小鸡、母猪、花椒苗，保障其住房安全。他很感激政府，"有了这些花椒苗，增收脱贫有希望了"。

和继光经过种植培训，大胆学以致用，2016年始，他家的5亩花椒年均收入9000元。2018年他种了10亩，预计2019年收入将翻两番，加上养殖收入近2万元，和继光成了村里勤劳致富的榜样，而现在的和继光更是成了村里的产业技术指导员。

村干部说起和继光赞不绝口："2017年，工作人员不小心把危房改造款7995元错打到和继光的'惠农卡'上。当村干部找到他说明情况后，和继光一核实，立刻毫不犹豫地退了款。"

　　已脱贫出列的他，在群众大会上认真地说："我想申请加入中国共产党，就怕自己年龄大了。""你才52岁，不大，只要有一颗积极上进的心，什么时候都不晚。"听到扶贫队长的答复，他开心地大笑起来。

脱贫攻坚战中，通过科学研究、精准定位，将花椒作为种植对象，发展为脱贫所依靠的支撑产业

椒农在花椒种植基地忙活

■ 故事四：以多帮少的"村寨银行"

黎光村地处玉龙纳西族自治县黎明傈僳族乡，在金沙江和澜沧江的分水岭上，村里几乎没有平地，有山林 17 万亩。说起以前非法狩猎、滥砍滥伐带来的生态破坏，村民乔成记忆犹新："小时候河水大到能推磨，后来山泉水少了，村里吃水都困难！最近三五年，猿猴又回来了，油锯声变成鸟叫声，村里的生态越来越好。"看着自己的家乡重现绿树成荫，乔成从心底里高兴。

黎光之变，源自一个项目。2015 年，当地党委政府引入由丽江健康与环境研究中心牵头的"村寨银行"，村民以小组为单位，开会商量每家自愿拿出一笔钱，和其他扶持资金合起来，每年发放给小组内三分之一的农户，鼓励村民自己立规矩做好山林保护。项目负责人邓仪说："钱怎么花、环境怎么保护都由村民商定，村'两委'班子不包办代替。"

村民签字画押办理贷款

村民得到贷款乐开怀

像"村寨银行"这样集经济周转、社会互助与环境保护功能于一体的社区微金融互助系统，在"三江并流"地区的九河乡、石头乡、黎明乡、巨甸镇这4个乡镇8个村委会，127个村小组的1150.84平方公里的区域中开展起来。截至2018年12月，共建立"村寨银行"38个，参与户数938户，"村寨银行"启动总资金达181.2万元，村民将"村寨银行"的借贷资金用于产业发展的比例达到50%以上，"村寨银行"资金年收益率近62%。

这种因地制宜，结合当地生产生活充分调动村民参与讨论决策的生态环境保护方式得到了村民的认可，农村社区环保意识被普遍激发，化解保护与发展之间的矛盾和冲突，重新构建和谐的人地关系，生态环境得到有效保护，践行了"绿水青山就是金山银山"的可持续发展理念。

找准症结把准脉，开对药方拔"穷根"。不断完善基础设施，大力实施水、电、路、房建设，真正打通服务群众的"最后一公里"，才能增强发展后劲。补齐短板，精准扶贫才能看见实效。

■ 故事五：自来水充满"一碗水"

在玉龙县玉龙雪山东侧，有一个供水十分困难、旱季几乎无水可用的彝族村寨，人们形象地叫它"一碗水"，长期以来村民用水主要靠人背马驮。如何解决村民的饮水问题成为摆在各级党委政府面前的一项重大难题。

"解决用水问题事关经济发展和脱贫致富，再苦再累也要干！"为了实地踏勘，水利部门的党员干部连鞋都走破了。终于，结合实际仔细研究后想出一个可操作的办法：建设提水泵站，解决"一碗水"及大羊槽片区的人畜饮水问题。

说干就干！两个月后提水泵站就建成并投入使用。整个提水泵站工程投资731万元，建筑面积45平方米，采用输水管大致沿现状道路布置、埋管，将水引至"一碗水"村西侧新建的100方高位水池，然后通过配水管网输送至各家各户，并用太阳能和电网电能双保障，从根本上解决了"一碗水"及大羊槽117户501人及2167头大中牲畜饮用水问题。

干旱地区建成的水窖群

"以前吃水要走几公里路去挑，遇到干旱还经常没水吃。现在，只要一打开水龙头，自来水就哗哗地流出来了。"说起"一碗水"及大羊槽农村饮水安全工程，这里的彝族村民既激动又感激："遇上了习近平总书记领导下的好时代，让困了几代人的一个大难题终于从根本上解决了！大山深处的我们也喝上自来水啦！"

第三节　扶贫先扶智，扶贫必扶志

幸福美好的生活不会从天而降，脱贫致富终归是要靠贫困群众用自己的双手来创造。扶贫不光要"扶智"，更要"扶志"，让贫困群众具备脱贫的知识和技能，通过知识和技能不断创造财富，把"要我脱贫"变为"我要脱贫"，这才是关键。自从打响脱贫攻坚战以来，玉龙县通过教育、科技、文化、卫生等方面的实打实帮扶，改造贫困群众的"等靠要"思想，提升脱贫的内生动力。

科技扶贫

"科学技术是第一生产力"，作为国家扶贫开发战略的重要组成部分，玉龙县的科技扶贫硕果累累。积极实施云南省科技扶贫项目，不仅帮助建档立卡户增收，还带动周边群众打工增加劳务收入。积极争取国家、省、市科技项目，助力全县脱贫奔小康。到截稿，共组织丽江得一食品有限责任公司、丽江映华生物药业有限公司、云南白药集团太安生物科技产业有限公司、丽江田园油橄榄科技开发有限公司、玉龙县科技开发服务中心申报"丽江新主高山优质道地中药材良种（苗）繁育及种植示范""醋酸诺美孕酮片临床前研究""云南白药集团丽江生态科技产业园建设示范""油橄榄丰产栽培关键技术示范""玉龙县高山道地中药材绿色植保技术运用示范"等5个中央引导地方科技发展项目，总投资6252万元，申请科技项目资金2310万元。此外，还组织丽江可宝生物科技有限公司、丽江绿晖农产业综合开发有限公司两家公司申请"优质云当归品种选育及规范化种植示范""绿色优质标准化三七种植基地建设示范"两个市级科技项目，总投资210万元，申请项目资金70万元。积极加强科技培训，坚持科技引领，提高农民科技素质助推脱

宝山乡石榴种植技术培训

贫奔小康的步伐；提高企业的自主创新能力，促进了我县企业的稳步健康发展。通过技能培训，玉龙县的群众不仅在劳动技能上有了提高，在思想认识上也有了提高，坚定了依靠技能、付出汗水实现脱贫致富的决心和信心。

教育扶贫

扶贫先扶智。让贫困地区的孩子接受良好教育，是扶贫开发的重要任务，是功在当代、利在千秋的大事。脱贫攻坚，教育一马当先。

伴随着脱贫攻坚的号角声，玉龙县在教育扶贫方面蹚出了新路子。立足县情实际，围绕决胜脱贫攻坚"1985"工作思路，按照"发展教育脱贫一批"的总体要求，立足教育抓脱贫攻坚，精准扶贫促教育发展，通过查问题、补短板、抓整改，举全县之力狠抓义务教育基本均衡发展工作，在教育脱贫攻坚的道路上坚定前行。2016年，玉龙县顺利通过义务教育发展基本均衡县国家认定，成为国家认定挂钩考核的云南省脱贫摘帽县与义务教育基本均衡县，12个脱贫摘帽县中首批通过国家认定的7个县之一。全县小学辍学率为0.03%、初中辍学率为1.17%，均控制在省定标准之内。

为了履行"不让一个孩子因家庭困难而失学"的承诺，在全面落实国家教育惠民政策的基础上，县财政按照生均每年300元、200元的标准，分别安排学前教育公办幼儿园、民办幼儿园公用经费；县财政对小学阶段全县建档立卡户子女每年给予500元的生活补助，对初中阶段给予625元的生活补助；县财政补助21.984万元对普通高中建档立卡学生免除学费，对建档立卡户子女中职在校生免除住宿费、书费。玉龙县各级党委政府、有关部门以及外援机构、爱心人士对各学段贫困学子大力帮扶，2015年至今共计资助16302人，受助金额1554.2532万元；其中建档立卡户子女1397人，受助金额187.1780万元。

同时，玉龙县投入1638万元全面改善义务教育学校办学条件，确保贫困乡、贫困村所在地学校校舍、教学装备、运动场地、生活设施等达到国家办学条件。开展培训、送教下乡等活动，着力推进贫困乡、村教育信息现代化进程，还把推广普通话纳入脱贫攻坚战的重要内容，并发挥职业教育扶贫效能，做到精准帮扶，打赢教育脱贫攻坚战！

让贫困地区的孩子们接受良好教育是扶贫开发的重要任务，也是阻断贫困代际传递的重要途径。党和国家已经采取了一系列措施，推动贫困地区教育事业加快发展、教师队伍素质能力不断提高，让贫困地区每一个孩子都能接受良好教育，实现德智体美劳全面发展，成为社会的有用之材。

■ 故事一：看看咱村的幼儿园

"我终于也能上幼儿园了！"这个曾经的省级贫困村——鸣音镇太和村建起了第一所全寄宿制农村幼儿园，学前教育终于渐渐步入正轨。2015年9月开园后，太和村幼儿园面向太和村村委会、东联村村委会及洪门村村委会招生，所有年满5岁的儿童均可入学。

在太和幼儿园就读的儿童，每月仅需缴纳90元育保费及100余元生活费，就能在幼儿园享用三餐，每餐两菜一汤，每天都能吃上肉。对于建档立卡户的子女，政府更是每人每年资助300元，减轻家庭负担。

太和村建成的全寄宿制幼儿园

太和幼儿园基本能够容纳全村5岁以上的幼儿入学，实现了"农村的孩子在幼儿园有课上，有中午觉睡，有营养餐吃，还有各色的玩具和娱乐的设施"。"孩子只需要背一个书包来上学"，孩子们在幼儿园内学习需要的教学设备，玩耍的玩具、游玩设施等都由政府出资购买。

和城里孩子一样上幼儿园，孩子们真的好开心！

山里娃也能像城里的孩子一样上幼儿园

"再穷不能穷教育,再苦不能苦孩子",解决了就业和贫困代际传递问题才能真脱贫脱真贫,才能做到真正不返贫。

■ **故事二:再难也要让孩子上学**

巨甸镇路西村村委会岩及八组的和发军因家庭清贫,没有更多的经济来源,也找不到出路,曾一度考虑让子女辍学回家。

各级党委政府了解了他的情况后,先后两次投入共2.5万元产业扶持资金,让他种植中药材。在玉龙县委、县政府坚持"扶贫先扶智"的工作原则下,通过实施教育扶贫,政府为他办理生源地助学贷款,享受建档立卡贫困学生助学金,减轻了教育支出,让他的孩子上得起学。

和发军积极配合扶贫工作,发挥自身内生动力,通过努力于2016

在秦艽田里劳作的和发军

长势良好的中药材

年底顺利脱贫。目前，他种植的中药材面积超过15亩，每年仅种植中药材一项就有3万元以上的收入。他说："我读的书不多，但是肯学、能吃苦。别看我是贫困户，我一定会通过自己的努力，牢牢把握国家发展的机遇，不但要脱贫，还要与全国人民一起致富奔小康。"

坚决打赢脱贫攻坚战，是我们党对人民的庄严承诺。改变以往"大水漫灌"式的扶贫方式，定向施策、有的放矢，因地制宜制定具体帮扶措施，才能不让一个困难群众在小康路上掉队。

■ 故事三：绝境中的新希望

张云强是黄山镇白华居委会吉来居民小组的村民，两个孩子先天性失聪，正当全家都在为两个孩子的教育和前途忧心忡忡的时候，另一个不幸又从天而降，2012年8月的一个早晨，张云强感觉胃部不适，去医院一查，结果是胃癌！这突如其来的变故使张云强欠了不少外债，几乎将一家人对生活的希望全部浇灭。

2015年，随着全国扶贫工作的开展，张云强提出了申请，希望黄山镇党委政府能提供帮扶，经过村民、居委会、党小组、党委政府的调查走访，张云强一家被确认为建档立卡户。黄山镇党委政府随后开展了一系列的帮扶措施：改善人居环境工程帮扶项目资金6万元，扶持2头架子猪、30羽中鸡苗和饲料，帮助搭设大棚蔬菜种植基地，家里的两个孩

2016年末，张云强家申请脱贫退出

子上学期间每年都有教育补贴和残疾人补贴。自此，张云强家庭收入有了较大提高，病情也没有出现反复。2016年末，张云强向村组和黄山镇党委政府提出了退出建档立卡贫困户的申请，经过村民、扶贫工作组、黄山镇党委政府的调查了解，对照"两不愁三保障"和脱贫收入标准，确定张云强一家退出建档立卡贫困户。

现在张云强信心已悄然树立，重新燃起了对生活的希望，他家的蔬菜大棚经营已经卓有成效，一家人正在有条不紊地迈向新生活。

文化扶贫

文化承担着贫困地区人民群众启迪心灵、振奋精神、鼓舞斗志的重要作用，是打赢脱贫攻坚战、全面建成小康社会的精神动力和民生保障。

玉龙县大力推进文化扶贫，努力助推民族地区、贫困地区与全国同步建成小康社会。启动广播电视"村村通"工程建设，全县广播电视覆盖率达到99.99%。建档立卡贫困村所辖自然村为单位通广播电视信号率为100%。加强文化基础设施扶贫建设，2015—2016年，建设13个村级文化活动室、5个村级文化体育活动广场，确保所有贫困村农家书屋全覆盖。

同时，开展"贫困地区百县万村综合文化服务中心示范点工程"及群众文化扶贫活动：一方面以民族习俗节日为契机，大力举办群众文体活动，弘扬社会主义核心价值观，促进社会和谐稳定。另一方面继续提升"三馆一中心"免费开放服务工作，积极建设村村一支文艺队。截至截稿，全县共组建453支文艺队，稳定开展活动的队伍220支，文艺骨干及带头人346人，目前已经注册10支文艺队。

此外，县文旅局还积极开展"三区"人才支持计划、文化工作及文艺下乡惠民演出活动，针对贫困村开展文化惠民演出79场次，其中民族文化队开展44场次，文化馆17场次，购买文化服务下乡演出18场次，惠及观演群众4.74万人。省级文化厅到玉龙县开展文化大篷车演出18场次，惠及观演群众 1.08 万人。活动结合了党的十九大精神、党风廉政建设、社会主义核心价值观、社会治安综合治理、禁毒、脱贫攻坚等内容，编排主题鲜明、内容丰富、具有时代感和观赏性的节目，加强政策宣传力度。不仅活跃了基层广大群众的文化生活，满足了群众日益增长的精神文化需求，还提高了公共文化服务水平，宣传了党的十九大精神和扶贫政策，坚定了老百姓脱贫致富的信心。

■ 故事一："新闻 + 服务"帮农民找销路

脱贫攻坚战的号角嘹亮，广大新闻单位和文化工作者也积极响应党中央"向贫困宣战"的号召，发挥自身优势，用一篇篇饱含温度的新闻稿件，积极参与扶贫攻坚，为全面建成小康社会增砖添瓦。

"150 斤苹果分别包装？好的，我们现在就打电话给种植户。"挂了观众打来求购苹果的电话，玉龙县广播电视台《三农新看点》栏目负责人和星昀特别高兴。2018 年，他们为玉龙县鸣音中罗村苹果种植户直接销售的苹果已累计有 5360 余斤，大具乡葡萄协会种植的葡萄也卖了 1500 余斤，石头乡利苴村灵芝种植户的灵芝也达到了 400 余斤。"看来我们义务为农民群众搭建的电视媒体销售平台确实发挥了作用。"

搭建电商平台，促进青梅销售

"栏目组在下乡采访中，了解到部分地方农特产品丰产不'丰收'，如何把农户的产品销售出去，卖个好价钱，为他们搭建一个销售平台的想法就此而生。"玉龙电视台台长李有江说。《三农新看点》栏目尝试"新闻 + 服务"的做法，把办栏目的着力点落实在服务群众、引导群众上，为农户与消费者之间免费搭建起沟通交易的平台，这也是媒体人为玉龙县脱贫攻坚工作贡献的一份力量，丽江本土的葡萄、软籽石榴、苹果等时令果蔬什么时候上市？在什么地方可以买到正宗的？消费者可以通过《三农新看点》实现和农产品的"零距离"接触。目前，每年通过该栏目以及新媒体平台的销售金额达到了5万多元。

不仅如此，栏目组还通过微信公众号进行农业科学技术的普及。"过去不懂种植技术，走了很多弯路。现在用手机在家门口就能学到病虫害的防治知识，非常方便快捷。"玉龙县金鑫三农种植有限公司负责人和永泽说。

《三农新看点》的节目还在继续播出，服务广大基层群众，玉龙媒体人一直在路上。

■ 故事二：大山深处的文化使者

和健军是塔城乡文化站站长，2010年5月底，塔城乡文化站配备了玉龙县第一台数字电影机。和健军就带着这些设备，风雨无阻地将文化送到基层群众身边，将党的声音传到家家户户，让文化扶贫成为精准扶贫的加速器。村民们对文化的渴望鼓舞着和健军立志要做好这山间的"文化使者"。

有一回，他如约赶赴依陇村村委会依支一组放映电影，途中雨越下越大，山路越来越泥泞，和健军心想就算放再精彩的影片观众也肯定寥寥无几了！但当电

每周前往不同的村组放映电影，有些村落路况不好，需要借助老乡们的农用车运输放映设备

影即将开始时却陆陆续续来了很多老年人，他们身穿雨衣，裤腿上还有泥浆。在与老人交谈中和健军了解到，有些老人走了4公里多的山路，每人在路上点燃了三四把明子（烧火引火用的松脂粉）就为来看电影的。有些腿脚不便的甚至赶到时电影已经放映结束。有些老年人感慨有近20年没有看过电影了，以前看电影都要走很远的山路到乡政府所在地才能看得到，现在可以在家门口看电影了，沾点泥巴也是快乐和幸福的。

现在的电影种类很丰富，既借助农村电影放映平台宣传了党和国家的方针政策，又丰富了农民群众的文化生活，不断激发贫困群众脱贫致富的内生动力，将社会主义核心价值观根植于每个百姓心中，使广大观影者汲取中国力量和时代精神，提升文化"获得感"，同心共筑"中国梦"。

在家就能看电影

医疗扶贫

医疗扶贫是打赢脱贫攻坚战的关键战役。

为彻底根治因病致贫、因病返贫问题，巩固脱贫成效，玉龙县重点落实"云南省健康扶贫30条措施"。其中主要有：

一是实施"四重保障措施"，让贫困人口看得起病。

二是开展疾病筛查，全面实施医疗救治。截至2019年3月，共开展大病集中救治1754人累计救治2465人次、慢病签约1336人、重病兜底9人累计救治281人次、大病专项救治205人，有效控制了因病致贫返贫发生。

三是开展家庭医生签约服务工作。全县412名家庭医生组成89个签约服务团队，按照"签约一人、履约一人、做实一人"的做法，为辖区内城乡居民开展签约服务，优先确保建档立卡贫困人口和计划生育特殊家庭签约率达100%。

四是补齐短板，完善卫生服务体系标准化建设。目前，全县97个村卫生室全部达到标准化村卫生室标准，医疗设备按照标准配齐，每所村卫生室都有1名以上的村医执业。

五是加强能力建设，通过加强县人民医院重点专科建设、卫生人才队伍建设，开展"县、乡、村医疗卫生服务一体化管理"工作，推进医疗共同体建设及实施"互联网＋医疗"工程，提升了医疗服务水平。

黎明卫生院率先开展家庭医生签约服务工作

此外，玉龙县积极争取社会组织和爱心人士参与到健康扶贫工作中来。

■ 小病不用再出村

在黎明傈僳族乡，常年奔波着一支家庭医生小分队，他们奔走于岭壑之间，风雨无阻，苦乐相济，以医者的仁心和精良的专业技能履行着家庭医生的职责，为黎明村签约居民送医、送药、送关怀。

66岁的史夸底村村民和高远，中风卧床15年，爱人杨艳芬也因糖尿病无法做重活儿，生活非常贫困。小分队每月两次准时上门随访、指导用药、嘘寒问暖，并将推拿技能教给杨艳芬。"现在已经能坐起来了。"和高远说，"多亏了家庭医生，现在能干些家务活，女儿也可以解放出来了。"

2017年，黎明村的家庭医生签约率达80%，建档立卡贫困人口签约率达到了100%，精准到人的健康扶贫政策让患病贫困人口真正实现了"看得起病，看得上病，看得好病，少生病"，减少了因病致贫、因病返贫现象的发生。

在2018年云南省"最美健康守门人"评选活动中，黎明乡卫生院获得了最美家庭医生团队称号。带着这份认可，他们将继续为父老乡亲的健康保驾护航，为每个家庭撑起一把"健康保护伞"。

健康扶贫把准了"穷脉"，开出了破解因病致贫、因病返贫的精准"药方"

医务人员到田间地头为贫困群众筛查疾病，使村民小病不用再出村

就业扶贫

仅靠外界帮扶，怎能实现真正的脱贫致富？激发贫困家庭内生动力，自力更生，做好农村劳动力转移就业工作，积极推进农村贫困人口转移就业，发展劳务经济，增加劳务收入，才能真正脱贫致富。

■ **故事一：苦熬不如苦干，出门必有出路**

"打工三个月，挣了两万多！"在江苏昆山好孩子公司打工的李铁柱夫妇喜笑颜开地说，"留点生活费，其余全都存起来！"

李铁柱是玉龙县石鼓镇拉巴支村7组的村民，2014年被纳入建档立卡贫困户。来昆山打工之前，他一直跟土地和牲口打交道。"一年苦熬下来只有两三万，两个孩子要上学，老人要看病，日子过得很紧巴，房子漏雨

"保姆式"服务让第一次走出大山走向外省的打工者十分安心，美好的生活在向他们招手

也没钱修。"

在玉龙县，像李铁柱这样一直困在大山里面朝黄土背朝天的农民非常多。一方面是思想闭塞怕出门，另一方面是想出门谋发展却苦于没门路。脱贫攻坚开展以来，玉龙县积极开展农村富余劳动力转移就业，认真进行摸底排查，加大宣传力度，转变农民思想；同时加大劳务信息的收集，及时在微信公众号上进行发布，让农民第一时间了解到就业信息。"扶贫先扶智，扶贫必扶志"，玉龙县邀请专家对贫困人员进行技能培训，并在思想上进行鼓舞，让他们摒弃"等靠要"思想。对于到外省就业的人员，还实行"保姆式"服务，让他们安心就业。

走出家门天地宽，2017年，全县21.9万人口中，农村劳动力实现转移就业5200人，其中转移到省外就业2912人，就地就近转移就业2288人。一辈子没走出过大山的李铁柱，通过转移就业圆了增收致富梦。而越来越多的老乡，也在劳务输出相关政策下走出大山外出就业，脱贫奔康富起来。

■ 故事二：打"飞的"去打工

2018年的一天，和顺福与哥哥和顺华准时来到玉龙县行政中心的玉龙广场，参加欢送玉龙县首批赴沪务工人员仪式，随后飞往长三角的企业打工。作为这次外出务工的一员第一次去外省打工，兄弟俩有些兴奋，也充满期待。

和顺福以前在工地上当泥水匠，一个月有4600元收入，但是现在

2018年首批外出务工人员欢送仪式

还有部分工资没拿到。得知政府组织外出务工，和顺福与哥哥相约去石鼓镇政府报了名。

2018年玉龙县首批赴上海务工人员共有49人，其中建档立卡户14人，分别来自石鼓、黎明、巨甸、鲁甸、奉科等乡镇。由于部分外出务工人员文化程度低，又是第一次出远门，县人社局专门对其进行了培训，并提醒外出打工时必须注意的事项。

"听说镇上有人外出打工，去年4个月就挣了4万多元，我们很期待也想去试试。"同样来自石鼓镇的储秀梅得知外出打工一个月能挣四五千元，决定和丈夫一起去。

增加农民收入，解决好农村富余劳动力就业问题始终是玉龙县委、县政府"三农"工作的重点之一。过去多年的实践证明，农村富余劳动力离开家乡、进城务工，不仅增加了收入，而且增长了见识，开阔了视野，更新了观念，掌握了技能。对家乡而言，输出的是劳动力，带回的是生产力。而对于群众来说，通过自己的劳动让日子变得越来越好，脱了贫，生活条件改善了，对未来的生活也充满了无限憧憬。

外出务工人员工作车间

金融扶贫

金融扶贫在脱贫攻坚战中发挥着积极的作用，是产业扶贫、就业扶贫、易地扶贫搬迁、教育扶贫等扶贫措施的重要支撑和保障，它撑起了精准扶贫"造血"功能。

■ 金融扶贫让我们赚到钱了

巨甸镇2018年金融扶贫投资回报发放仪式在后箐村村委会举行，会上介绍了全市金融扶贫、邮政储蓄银行助力脱贫攻坚、能人托管模式、全镇脱贫攻坚进展及相关要求。同时，为参加"能人+托管代养"发展模式的巨甸镇后箐、德良两个村委会130户建档立卡户，发放了2018年度户均2375元的金融扶贫投资回报分红款。

村民拿到分红款

领到分红款的建档立卡户笑逐颜开，和文英开心地说："我家今年领到2375元，在党委政府的关心支持下，我们的生活越来越好，各种保障都有了，感谢人民政府，感谢中国共产党！"

"能人+托管代养"发展模式的实施，在有效解决建档立卡户无产业、无资金及无种植经验难题的同时，使建档立卡户每年能分红一次，增加了群众收入，也解决了巨甸镇中药材产业发展及企业融资难的问题。此外，当地的光华公司还吸纳十余户村民在基地务工，并向建档立卡户按照每车1200元收购农家肥，使村民除了入股分红，每年还有近10万元的务工及农家肥销售收入。

05 Chapter

金生丽水

绿水青山就是金山银山

玉龙县位于三江并流的核心区域，境内群峰林立，沟壑纵横。全县山区、半山区面积占总面积的96.53%，而全县90%以上的贫困人口全部集中于山区和半山区。山高谷深、土地贫瘠、产业单一、生产方式落后、生态环境日渐恶化，如何才能保住青山绿水，又能让人民群众过上好日子？

相传，曾被称为"丽水"的金沙江盛产黄金。如今这条丽江人民的母亲河，在绿色振兴的浪潮中又焕发出了勃勃生机，成了长江上游的生态屏障，也成了玉龙人民脱贫奔康的"绿色银行"。

> 要把生态环境保护放在更加突出位置，像保护眼睛一样保护生态环境，像对待生命一样对待生态环境，在生态环境保护上一定要算大账、算长远账、算整体账、算综合账，不能因小失大、顾此失彼、寅吃卯粮、急功近利。
>
> ——习近平《在云南考察工作时的讲话》
>
> （2015年1月）

第一节　争当国家生态文明建设排头兵

人与自然是兄弟，是深印在玉龙县各族人民心头的信仰。为了发展，我们曾经开山毁林，曾经涸泽而渔，并为此付出了沉重的代价。如今，玉龙县极力筑牢绿色生态屏障，在实践中将"绿水青山就是金山银山"化为生动的现实。

■ 故事一：保护自然就是保护我们的家园

在云南老君山生活着300多只国家一级保护动物滇金丝猴，在当地政府和大自然保护协会（TNC）的支持下，一支村民巡护队十几年如一日地守护着猴群和老君山，这支巡护队的队长名叫杨学荣。

2003年，时年19岁的杨学荣报名参加了滇金丝猴野外保护和科研工作，多年上山巡护，这让杨学荣至今未婚。野外巡护自然是风餐露宿、忍冻挨饿，面对困难，杨学荣只有一句话："就是喜欢山上，喜欢猴子。"

老君山生态资源丰富，有虫草、红豆杉、杜仲、天麻等珍贵树木和药材，为了促进社区发展，TNC 帮助利苴村建立了生态发展合作社创收增收。

玉龙县森林覆盖率高达 74%，全县共有 7 支护卫队共 1159 人，其中，专业护理员 180 人，生态护理员 120 人，形成了严密的森林防护体系，共同守护这一片土地。

杨学荣和他的队友们的付出得到了深厚的回报：不仅守护住了这片原始森林，更为人们保留了濒危珍稀精灵——滇金丝猴，给人类创造了一笔巨大财富！

天然林护林员

巡护队上山巡护

可爱精灵——滇金丝猴

■ 故事二：杨柳两行绿，水天一色清

金沙江属于长江的上游，这里是重要的生态安全屏障。今天，远眺金沙江，一幅绿色画卷正在讲述沿江两岸保护生态、打造金沙江绿色经济走廊的故事。

"我们年轻的时候，一到雨季江水暴涨、岸堤垮塌，农田被冲毁，有的人家墙倒屋塌，损失惨重。但是，我们又离不开它，江岸气候温润，沿岸农田都带了江气，物产要比山地丰富，一年还能收两茬，遇到大旱我们可以抽江水灌溉。"石鼓村村长和泽周是纳西族老人，他朴实的话语透露着纳西族"人与自然是同父异母的兄弟"的生态伦理观。正是在这种生态观的指引下，纳西百姓想出了江边种植柳树的法子以防风固沙保良田。又有政府扶持、干部带头，经过一代又一代种柳人的辛勤耕耘，聚"木"成"林"，如今，沿江约20公里的柳林成为江边农田的保护伞，这一道美丽的柳林风景线成为金沙江一道防风固沙的天然屏障。2018年11月，金沙江堰塞湖泄流，柳林带有效地缓解了洪水的侵袭，减少了百姓的损失。"我家种了50亩蒜，洪水淹了三分之一，还能收三分之二，如果没柳林挡着，还不全淹了？"村民杨丽英激动地说。

保住了金沙江上游的绿色堡垒，对长江下游也益处良多，通过大家的努力，现在金沙江沿岸生态环境越来越好，野生动物也越来越多，麂子、猴子、草豹……山里甚至还有熊出没。"杨柳两行绿，水天一色清"的金沙江沿岸柳林带也成了新景点，加上当地的红色旅游项目，每年来石鼓观光旅游的游客达十多万人次。

金沙江畔延绵数十里的柳林如今成了新的旅游景点

每年开春，石鼓种柳队将浸泡后发出嫩芽的柳树苗在金沙江滩涂种下，
以期来年聚木成林，防风固沙保良田

■ 故事三:"整村流转"的农旅实践

"哎呀,真甜!这纳西老奶奶卖的橘子真新鲜,多称点儿。"来自广州的游客正在水果摊上选购,而当地村民老奶奶们正拿着秤杆称水果。这是三股水景区里的特色一角,这里有众多村民通过出售旅游农副产品走上脱贫之路。

站在三股水景区远远望去,长江第一湾奔流而过,划出一道漂亮的急转弯,而这一弯也弯出了长江经济带上筑牢绿色生态屏障的重大转折。

三股水景区未开发前,宏文组村民主要以农为主,传统的经营模式收入有限,只能解决温饱。"那时候我们除了种地没什么出路,种出来的粮食除了自家够吃也没啥结余。"村民和修泉提起以前的日子很感慨。在龙蟠乡党委政府和兴文村村委会、党总支的引导支持下,宏文组多次召开会议,集思广益,决定招商引资,带领村民走乡村旅游的新路子。

三股水全景

2011年，宏文村民小组（三股水）与千寻旅游商贸有限责任公司签定了合作协议，把景区的经营权、开发权、管理权和使用权归千寻旅游商贸有限责任公司，宏文村民小组以村民出资、流转土地折价入股、荒坡土地折价入股以及整合国家项目扶持资金转化为红色股份入股等形式，按合作合同的要求，以村民为主体成立了三股水乡村旅游开发合作组织，形成了"村级实体经济股份入股+红色股份入股+合作社社员出资+合作组织经营+盈余返还分红"的发展模式，经过招商引资成立村企合作的玉龙县三股水旅游开发有限责任公司对三股水进行开发。投资企业每年给村里分红30万元，2015年开始每年分红60万元。

村民在三股水景区售卖自家种植的生态水果和蔬菜

从旅游扶贫的角度来看，乡村旅游发展更加丰富了中国旅游业的类别，同时为农民创造出更大的就业舞台。

三股水景区在带领村民走乡村旅游发展新路子的同时，在龙蟠乡党委及兴文村党总支的支持下，利用政府扶持资金进行景区基础设施建设，走出了一条"旅游产业为主，其他产业协同发展"的多元化致富路，从传统农业转变为旅游服务业，农民变成工人。"以前种油菜花一年到头挣不了几个钱，现在我到景区开电瓶车就能挣工资，不仅有了稳定的收入，还能按时上下班就近照

热情好客的和修泉在招待客人

顾家里人，真是太高兴了！我会更好地为游客服务，提升自己家乡的知名度。"现年45岁的和新华由原本的农民摇身一变成为景区里的一名职工，有了新身份，步入新生活，让他格外自信。

玉龙县坚持走长江经济带推动高质量发展的道路，在带动乡村旅游发展，带领村民脱贫致富奔小康的同时不断加强对自然环境的保护和人文景观的维护，保证景区旅游的可持续发展。

根据玉龙县旅游业发展状况和贫困人口的分布情况，通过20多年的实践和探索，逐步形成了景区带动型、古村落带动型、旅游就业带动型、乡村观光带动型、旅游项目带动型等多种旅游扶贫模式，在玉龙县全面打赢脱贫攻坚战的工作中发挥了重要作用。

■ 故事四：洛克想象不到的未来

过去形容玉湖村："吃粮靠返销，花钱靠贷款，生产靠救济，有女不嫁玉湖村。"

玉湖村昔日虽贫困，却是丽江最早对外开放的村庄。著名美籍奥地利学者洛克曾旅居玉湖村27年，他笔下"失落的王国"让玉湖和纳西文化闻名中外。自2004年不少游客来到玉湖，部分村民通过牵马送游客上山致富。

玉湖村村民和群，因家底薄弱，加上女儿上大学，2014年被纳入建档立卡贫困户。他通过农村安居工程补贴修缮了以前无法居住的主居楼，通过种植马铃薯和养殖西门达尔牛，加入玉湖旅游合作社牵马服务队，增加了家庭经济收入，并参加了新型农村合作医疗保险，同时女儿获得了8000元的助学金。

近年来，玉湖村形成了以旅游专业合作社为主，旅游客栈、餐饮、购物为辅的旅游产业模式。全村经济收入从2003年的234万元增加到现在的1600万元，牵马村民年均收入近3万元。新房子、小轿车在村里随处可见，

建档立卡户和群家如今收入提高、安居乐业

村民的生活越过越红火。

玉湖村今日旅游业收入超千万,这是洛克当年绝对想象不到的!

确保生态文明建设走在前列、作出示范、当好表率,争当生态文明建设排头兵。因此,玉龙县在发展旅游业的同时,与林业、环保相辅相成,建设好生态环境的同时让生态旅游、绿色旅游健康发展。

中国脱贫攻坚 | 玉龙故事

拍摄于宝山石头城的电影《迷失的彩虹·古坠归来》剧照

■ **故事五：开门迎客的云上之城**

宝山石头城被称为"刺伯太子关"，是因忽必烈率领蒙古军队过此险关，南征大理国而取名。

20世纪90年代，许多影片在石头城内取景拍摄，其间各剧组在石头城的吃住支出和请当地群演的费用超过了30万元，目前，每年有近10个剧组在此拍摄。影片反映了纳西民族传统文化，对外传播了石头城的知名度，吸引了中外游客，带动了当地的旅游和经济发展。"当了一回群演，大家都能在电影里看到我了，我还拿了演出费呢，希望再多拍几部这样的电影。"一个当地老百姓说。

政府看准石头城的旅游业，实施精准扶贫。《云上石头城》《迷失的彩虹·古坠归来》《聆听中国》等影片先后来此拍摄，并在《地理中国》《记住乡愁》等节目里得到了大力宣传，还举办了东部首届民族旅游文化节等活动，带动了客流量的增加，成为丽江又一旅游地。现在，宝山石头城影视基地与乡村旅游相辅相成的格局已经形成，当地的村民也靠着旅游发展走上了脱贫路。

近年来，美丽乡村建设以农民增收和助力脱贫攻坚为抓手，大力引导乡镇各村干部群众开展林果经济建设，以产业兴旺的林果经济助推农民增收致富。

■ 故事六：吃农家饭，住农家院，做农家人

"你们来了，吉北科欢迎你们！"这是吉北科村民欢迎四方宾朋的亲切表达。

吉北科村是一个秀丽的小村落，山村散落在一个呈扇形的山坳里，遍野开着雪桃花，似浓雾，淡化了松林的翠绿，春天，整个山村在粉红桃花的映衬下犹如一幅五彩缤纷的山水画，显得格外美丽。

2018年8月，结合构建大香格里拉生态旅游圈的战略发展目标，丽江市委、市政府决定将金沙江丽江段沿线100个美丽乡村建设成为"一村一品、一村一景、一村一韵"的魅力村庄。丽江玉龙股份有限公司顺势而为，在吉北科牵头成立合作社，租赁了3个院落和村民活动中心进行改造。其中，2个院落改造为精品民宿，1个院落改造为餐饮接待，村民活动中心则改造为游客服务中心。

精品民宿的落成使群山环抱中的吉北科面目一新

2019年3月起，吉北科开门纳客，前来体验农家生活的游客络绎不绝

2019年3月起，吉北科开门纳客，自然村党小组长徐志芳和其余的82户村民，在他们仙境般的村庄里，以一种新的姿态，迎接寻觅归隐之美的宾客。游客可以在吉北科恬静古朴村落品尝纳西特色菜，体验"晨兴理荒秽，带月荷锄归"的归隐生活。徐志芳开心地说："现在好了，来村里体验农家生活的游客络绎不绝，农产品的销路更宽了，村民的腰包鼓起来了，生活越来越有奔头了。"

第二节　绿色产业成为"绿色银行"

玉龙县牢固树立"生态优先、绿色发展"的理念，共抓大保护、不搞大开发，推进生态环境大保护、大优化、大发展，筑牢绿色生态屏障，积极担当国家生态建设的排头兵，大力发展高原特色生态农业，让当年的"砍树人"通过发展中药材产业变身"种药人"；曾经沙石裸露、寸草不生的干热河谷，通过种植被称为"植物油皇后"和"液体黄金"的油橄榄等绿色生态产业，闯出了绿色振兴的新路子，让绿水青山真正变成金山银山。

绿色振兴："拔穷根"的关键路径

"拔穷根"关键靠产业。

给再多的钱不如帮找一个致富门路。

发展产业是实现脱贫根本之策、根本之路。

发展什么产业，以哪些产业为主，这是一个非常重要的课题。

立足玉龙实际强化比较优势，经过多年的实践与探索，全县突出高原特色农业与乡村旅游，形成了一、二、三产业融合发展的新格局。

烤烟：只要有条件的都参与

"供娃娃上学，种几亩烟田。"经过十几年的发展，烤烟已成为玉龙县农民增收、企业创收、政府创惠"三满意"的农业经济支柱产业。

目前，玉龙县生产的金沙江区域特色优质烟叶成为国内清香型烟叶的最佳原料，是"苏烟""芙蓉王""中华"等全国骨干卷烟品牌的主料配方。

烤烟产业由于有"公司＋基地＋农户"的生产模式，有政府强有力的支持，种植、生产、销售都有较高的标准化和科技水平，产量稳定、收入稳定、价格好、风险小，是玉龙县金沙江河谷沿岸和坝区最受农民欢迎与最满意的产业，只要有条件的农民都无一例外地参与其中。

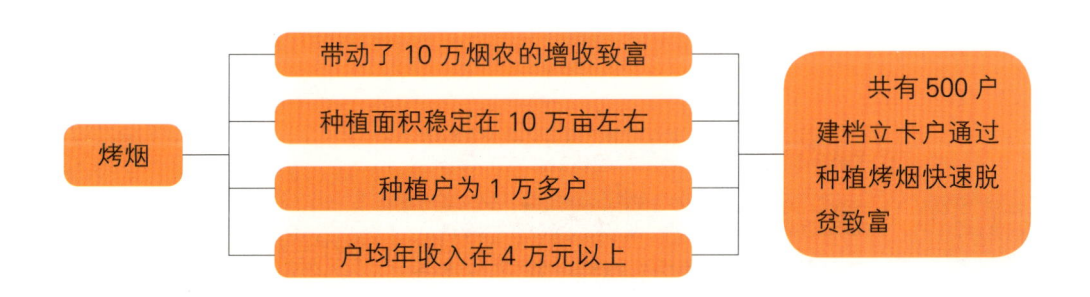

```
烤烟 ─┬─ 带动了10万烟农的增收致富 ─┐
      ├─ 种植面积稳定在10万亩左右  │── 共有500户建档立卡户通过
      ├─ 种植户为1万多户           │   种植烤烟快速脱贫致富
      └─ 户均年收入在4万元以上    ─┘
```

中药材：一剂脱贫治贫的良方

玉龙县素有"药材王国"美誉，是中国中药源头县之一，先后被认定为"云南省云药之乡"、"滇西北高山药材基地"和"云南省18个重要中药材种植基地"；被列为"中国林药之乡"、"全国林下经济发展示范县"和"云南省可持续发展实验区"。

在玉龙县众多产业中，最有成效、最富潜力的当属中药材产业。"买房买车，就看药给不给力"。越来越多的群众靠种植、加工、销售中药材脱贫致富。依托多个道地品种，全县形成了"一县一特、一乡一品、一户一业"的产业扶贫格局。

以市场需求为导向，以优化种植品种为核心，以强化技术指导为重点，按照"政府引导、科技支撑、企业带动、群众参与、药企回收"的思路，采取"公司＋基地＋卡户""公司＋金融＋卡户""专业合作社＋基地＋卡户"等多种带贫模式，玉龙县已初步形成中药材种植规模及产业链。

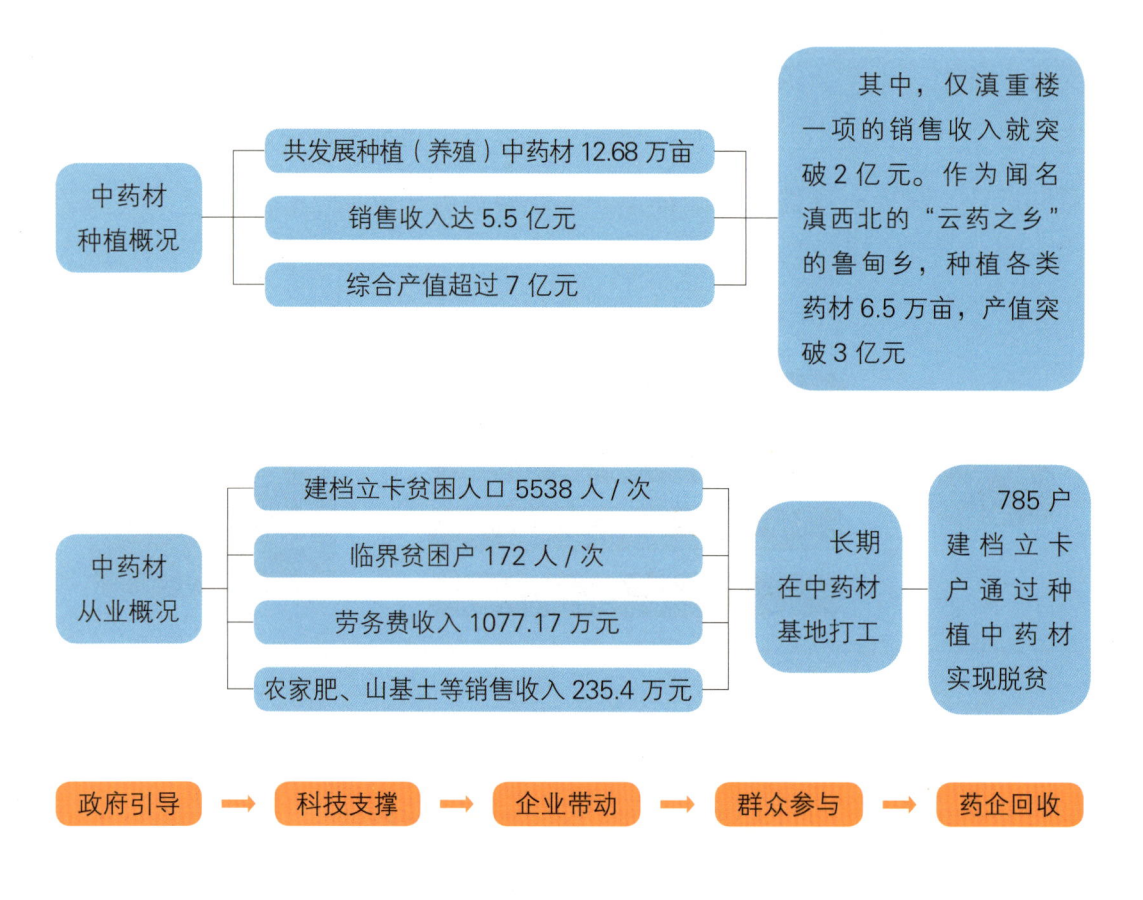

中药材种植概况
- 共发展种植（养殖）中药材12.68万亩
- 销售收入达5.5亿元
- 综合产值超过7亿元

其中，仅滇重楼一项的销售收入就突破2亿元。作为闻名滇西北的"云药之乡"的鲁甸乡，种植各类药材6.5万亩，产值突破3亿元

中药材从业概况
- 建档立卡贫困人口5538人/次
- 临界贫困户172人/次
- 劳务费收入1077.17万元
- 农家肥、山基土等销售收入235.4万元

长期在中药材基地打工

785户建档立卡户通过种植中药材实现脱贫

政府引导 → 科技支撑 → 企业带动 → 群众参与 → 药企回收

油橄榄：增收致富的"摇钱树"

玉龙县金沙江干热河谷被世界著名的油橄榄专家称作"油橄榄生长的最佳环境"，为中国发展油橄榄产业的"黄金谷地"。

利用独特自然优势，玉龙县确立了以大具为中心，重点带动鸣音、宝山、奉科三个东部贫困乡镇，逐步向西部沿江乡镇辐射的油橄榄产业建设发展格局。

金生丽水 | 05

油橄榄种植概况
- 每株产鲜果 30 千克
- 每亩可产鲜果 660 千克
- 每千克以保护价 8 元计
- 亩产值可达 5280 元

→ 全县种植面积已超过 5 万亩，预计每年实现产值 2.64 亿元

油橄榄从业概况
- 建档立卡户 150 多户，人口 500 余人
- 种植过程中，收入可达户均 4763.82 元，人均 1309.4 元
- 在盛果期后，预计户均达到 6.29 万元，人均突破 1.73 万元

→ 利用独特自然优势，以大具为中心，重点带动鸣音、宝山、奉科三个东部贫困乡镇，逐步向西部沿江乡镇辐射发展

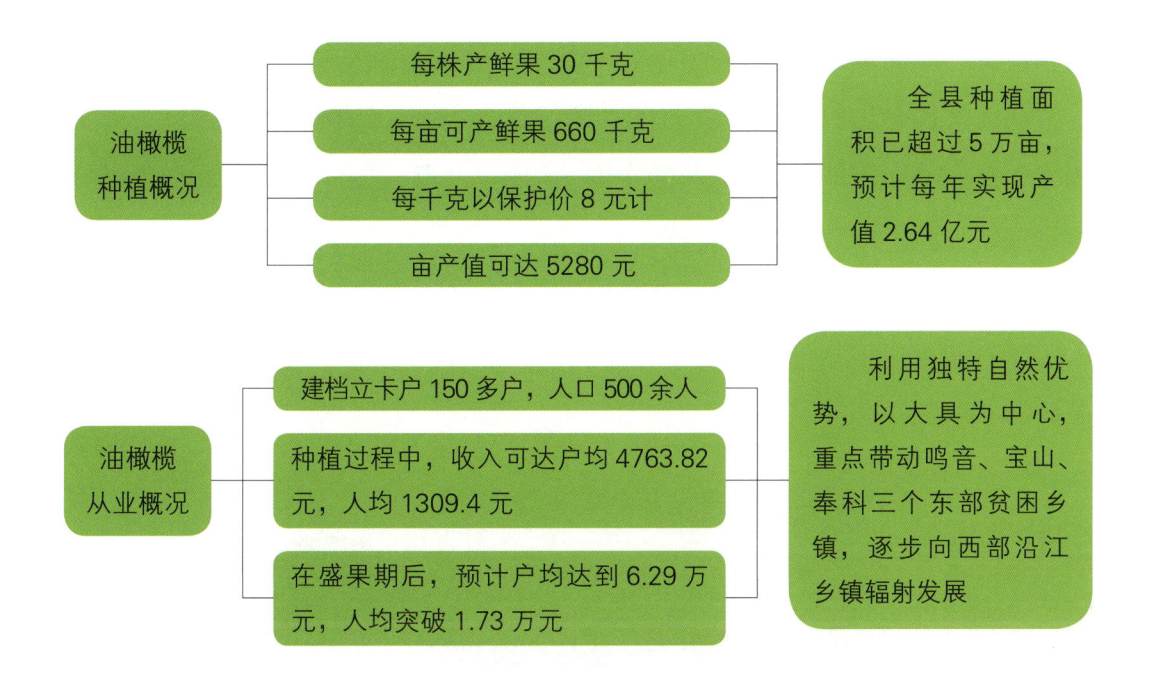

金沙江干热河谷数万亩郁郁葱葱的油橄榄正在成为当地农民增收致富的"摇钱树"、生态治理的"长青树"。

马铃薯：小土豆也可成为"金蛋蛋"

近年来，玉龙县委、县政府利用洋芋适应性广的特点，把小小洋芋做大做强做精，成为山区脱贫致富奔小康的重要产业之一。

目前，全县共有农业专业合作社 580 多家，其中仅太安乡马铃薯专业合作社就有 50 多家，广大农户通过流转土地或以土地入股的方式参与生产，通过基地打工和年终分红方式获得收益。

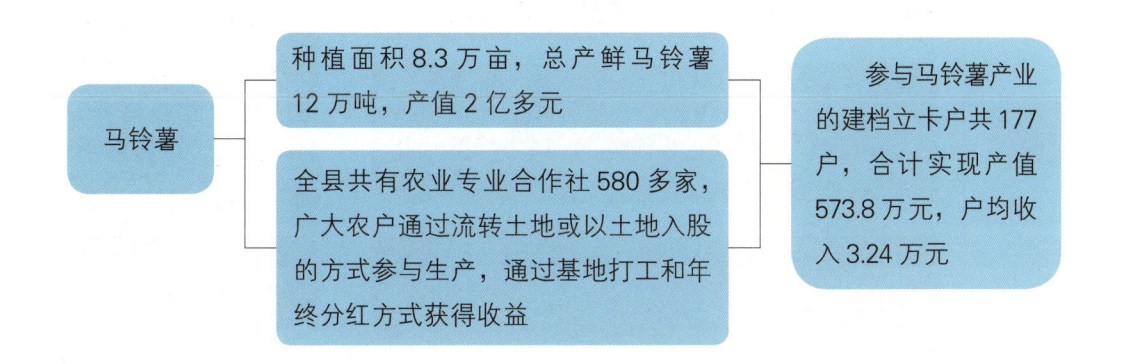

马铃薯
- 种植面积 8.3 万亩，总产鲜马铃薯 12 万吨，产值 2 亿多元
- 全县共有农业专业合作社 580 多家，广大农户通过流转土地或以土地入股的方式参与生产，通过基地打工和年终分红方式获得收益

→ 参与马铃薯产业的建档立卡户共 177 户，合计实现产值 573.8 万元，户均收入 3.24 万元

雪桃：堪比天上"蟠桃"

丽江雪桃是独具丽江特色的优质桃，曾有"天上蟠桃、人间雪桃"的美称，含有人体所需的17种氨基酸中的15种。外形美丽、果实硕大、色泽红润、口感爽脆，深受消费者青睐。

近两年随着电商平台的快速发展，丽江雪桃走出丽江，走向省内其他州市，还有四川、贵州等相邻省份以及北上广深等一线城市。丽江雪桃正逐步成为一个国际化的知名品牌。

```
雪桃 ── 种植总面积保持在 20000 亩
     ── 鲜桃总产量达到 20000 吨       ── 连续十年进国宴
     ── 总产值达到 2 亿元
```

养蜂：酿造甜蜜美好新生活

"养好十箱蜂、增收一万元"成了玉龙县一些山区贫困户的共识。

玉龙县养蜂主要集中在山区半山区较贫困地区，养蜂历史悠久，但一直沿用杀蜂毁巢取蜜的落后养殖方式，产量低、收益不高、管理不便。

为提高产量、增加效益，县委、县政府安排专项资金发展养蜂产业，通过采取"组织培训、培育养蜂大户、全县逐步推广"的发展模式，使山区人民找到了一条投资小、见效快、回报高的可持续发展产业道路。

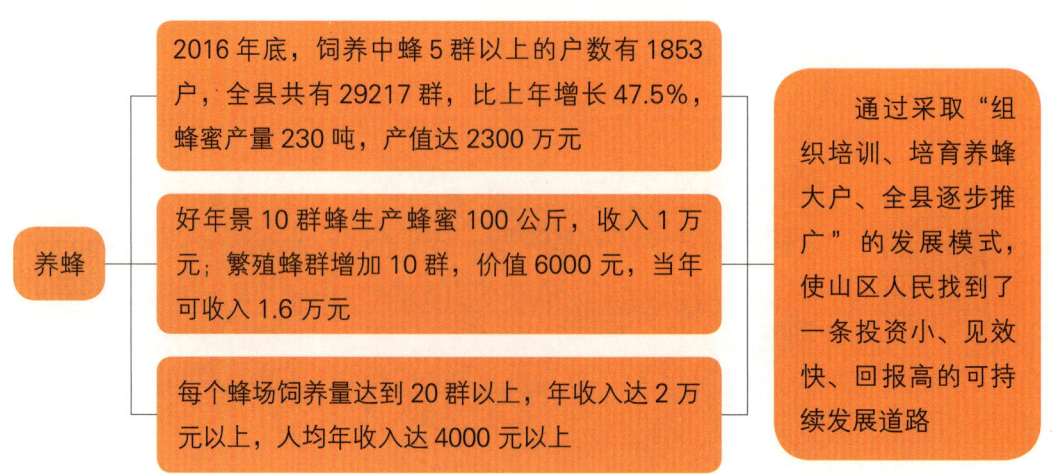

```
养蜂 ── 2016 年底，饲养中蜂 5 群以上的户数有 1853 户，全县共有 29217 群，比上年增长 47.5%，蜂蜜产量 230 吨，产值达 2300 万元
     ── 好年景 10 群蜂生产蜂蜜 100 公斤，收入 1 万元；繁殖蜂群增加 10 群，价值 6000 元，当年可收入 1.6 万元
     ── 每个蜂场饲养量达到 20 群以上，年收入达 2 万元以上，人均年收入达 4000 元以上
```
→ 通过采取"组织培训、培育养蜂大户、全县逐步推广"的发展模式，使山区人民找到了一条投资小、见效快、回报高的可持续发展道路

将土地流转给药材基地的村民被吸纳进药材基地务工，村民在收取土地租金的同时有了更多的收入来源

故事一：放下斧头的甜头

和仕武是丽江森龙实业有限公司下辖的石鼓天保所所长，以前他是原丽江县木材公司的一名伐木工人，1998年国家实施天然林保护工程后商业性采伐全部停止，为增加职工收入，带动林农脱贫致富，丽江森龙实业有限公司在石鼓石支小组租了240亩荒地，建立药材种植基地用来发展林下药材产业，和仕武等一批"砍树人"就变成了"种药人"。

从2014年到2018年，基地共种植了珠子参64亩、重楼28亩，育苗3.5亩；在逐年发展的基础上，使药材基地的发展具备了一定的规模。丽江森龙实业有限公司每年向当地村民支付人工工时费20万元以上，并一次性支付给村民租地租金36万元，提高了当地林农和村民的经济收入。基地还向石鼓镇格

规模逐年扩大的滇重楼种植园

子后山村组提供了优质珠子参种子1200公斤,并且专门派技术人员传授和讲解珠子参种植管理、农药肥料使用等技术。

经过几年的发展,基地药材种植形成了一定规模,丽江森龙实业有限公司为周边地区的企业带动老百姓发展药材种植产业提供了一个示范性窗口。作为一名基层林业工作者,和仕武也亲身体验了林农"放下斧头,拿起锄头"的华丽转身。

据统计,2018年玉龙县共发展种植(养殖)木香、重楼、秦艽、珠子参、羌活、黄山药、桔梗、白术、续断、白及、林麝等20多个品种中药材,面积达12.68万亩,销售收入达5.5亿元,综合产值超过7亿元。其中,单滇重楼一项的销售收入就突破2亿元。闻名滇西北的"云药之乡"——鲁甸乡,种植各类药材6.5万亩,产值突破3亿元。

■ 故事二:云药之乡的家家户户

在鲁甸村村委会甸头二组药材收购点,杨建勇夫妻俩送来了今年采挖的最后一批附子,数着一年的辛苦所得,他们情不自禁笑出了声。"原来家里穷,上有老下有小,只能靠种荞子、洋芋维持着。"说起苦日子,杨建勇眼眶有点湿润。"看别人靠种中药材日子好起来,我也想种,但一没钱二没能力。后来公司主动与我联系,不仅提供了重楼苗、大棚水泥桩、遮阳网,还签定了保护价回收合同。"在丽江云鑫绿色生物开发有限公司的帮助下,杨建勇一次性种植了10亩优质滇重楼。而太平村村民和吉江则是加入了种植合作社,"不花一分钱就可以入股,每家还有5000元的原始股本。到年底加上分红有7000元—8000元的收入哩!"

在鲁甸乡,这样的案例数不胜数。依靠"公司+基地+建档立卡户"模式、"建档立卡户+专业合作社+基地+分红"模式、"建档立卡户入股+分红"模式,鲁甸精准施策,在近十年间药材经济得到了快速发展。全乡有90%的农户种植了中药材,种植的面积已经超过6万亩,中药材种植品种达

远望鲁甸乡郁郁葱葱，阵阵药香传递着脱贫攻坚带来的新气象

50余个。到2017年末，这个曾经的省级贫困乡，人均纯收入已达9347元，2014—2017年累计减贫322户1307人，贫困发生率降至0.77%。鲁甸乡成为远近闻名的"云药之乡"。

■ 故事三：山核桃成就傈僳村寨

美乐村，一个昔日"既不美又不乐"的地方，多数村民半年时间都靠国家返销粮、救济粮维持生活，日子过得非常艰苦。直到2009年，村民的生活才有了翻天覆地的变化。

在美乐村海拔2200—2700米的地方长有大量野生核桃，品质好、出油率高。有了这一自然优

核桃挂满枝头

势，政府大力支持开发核桃产业：免费提供核桃苗，解决部分种植资金，提供栽培技术培训……一系列的举措让全村核桃种植发展到 2 万余亩，美乐村的每一个山坡上，每一道沟壑中，到处是随风摇曳的核桃林。

不仅如此，全村还形成了核桃树下种牧草，发展畜牧业，畜牧业带动药材业的良性循环。美乐村哈独底村民小组的罗耀春说："我家现在年收入能有 7 万多元，生活确实变好了，也不担心供不起孩子读书了，换作以前，我都不敢想。"对于发展绿色经济带来的新生活，罗耀春十分满意。

从"砍一片、烧一坡、种一箩、收一筐"的贫困村，到种植核桃、大力发展绿色经济成为当地脱贫致富的"领头羊"，黎明美乐村努力"逆袭"，收获了幸福美好的新生活。如今，日子一天天变好，美乐村人也对未来有了新憧憬：到 2020 年，村民人均收入要达到 2 万元左右，打造丽江市傈僳族最富裕的村庄！

昆明展销会上消费者在抢购核桃

生态环境建设是脱贫攻坚工作中的重中之重。坚持精准施策、精准帮扶，通过实施天然林保护工程、退耕还林项目、石漠化综合治理项目、公益林管护、农村能源建设、营造林生态建设、野生动物肇事补偿及林权流转等林业生态建设，助推林业行业脱贫攻坚工作。

■ 故事四：绿了荒山富了乡关

在鸣音乡洪门村村委会的大院里，我们见到了刚刚为油橄榄树修剪完枝叶的杨卫武，他洗了洗手就和我们聊了起来。

2018 年 46 岁的杨卫武是洪门村的油橄榄种植大户，同时，也是玉龙县

洪门村种植的油橄榄绿染金沙江畔

油橄榄龙头企业——丽江田园油橄榄科技开发有限公司聘请的油橄榄种植技术服务员。

"我去年做了心脏手术，属于因病致贫。2012年我种了60亩油橄榄，后来看着邻居都在不断地申请苗木，我又动员家人加种了50多亩。"杨卫武说，"原先的60多亩今年已经开花了，明年进入盛果期，过几年我每年都会有不错的收益，富裕的生活离我就不远了。"对今后的生活，杨卫武充满期待。

鸣音乡洪门村经济条件落后，产业结构调整与升级是洪门村在脱贫致富道路上必须解决的难题。为解决这一难题，2013年开始洪门村逐步探索油橄榄产业，将荒山种植与油橄榄产业发展相结合，并在林业技术人员的帮助下进行科学种植，油橄榄成了洪门村最重要的经济支柱产业，更是全面实现小康的"金钥匙"。

油橄榄丰收，群众就地欢庆

在玉龙县，拉市的雪桃，大具的葡萄，中罗的苹果，太安的洋芋、木梨，这些都是丽江家喻户晓的特产，它们甚至已经走向全国、走向世界。

■ 故事五："玉雪红"遇上互联网

色泽鲜红的大苹果发出阵阵幽香，果农们将苹果分装到印有"天猫"标识的纸箱里，然后经过电商平台销往全国各地，并出口东南亚。这就是鸣音镇中罗村的支柱产业——"玉雪红"苹果。

果农和志权很高兴地说："我家500亩苹果只需一个月就能全部卖完。"曾经这些"玉雪红"苹果卖不出去，村民只能拿回去喂猪。但以和作周为代表的一批村民，有远见、敢拼搏，排除万难成立了合作社，动员全村村民学习苹果种植。

为解决技术欠缺的困境，政府组织村民去"西南苹果第一村"四川省罗家村"取经"，主动邀请专家进行技术指导。同时，积极修建水泥路和水利设施，改善基础设施。

基础设施改善了，再加上村民们积累了种植、经营经验，中罗苹果产业日趋成熟。农民合作社积极探索电子商务销售道路，与阿里巴巴合作进行网上销售。"玉雪红"苹果不仅红遍了互联网，还带领中罗村民走上了脱贫致富的小康路。

村民挑选品质优良的苹果，分装销往各地

高原农特产业在玉龙的脱贫攻坚中发挥了积极的作用，让一部分建档立卡户通过特色种植走上了勤劳脱贫致富路。

■ **故事六：红土地上扒出"土黄金"**

"丽江什么洋芋最好吃？"

"肯定是太安洋芋了嘛！"

"我去菜市场怎么找不着太安洋芋？"

"你晓不得吗？太安洋芋现在是高级种薯不是商品薯，全国各地到处卖，本地菜市场不好买了！"

太安洋芋多年名声在外，通过种洋芋，太安农民基本脱贫致富奔小康。结合精准扶贫和推广太安优良种薯的需求，玉龙县政府把种薯推广给全县大量高寒山区的建档立卡贫困户，通过政府引进、专款扶持、技术援助，多个洋芋种植基地

洋芋大丰收

农户精心护理洋芋

在玉龙县的山间开花结果。

这其中比较突出的是宝山乡,通过引进优质种薯,高寒、住古村委会的贫困户摒弃了原先刀耕火种的落后生产方式和"等靠要"的消极思想,不仅规避了放火烧山的隐患,而且用先进方法生产商品粮,贫困户在解决原先温饱问题的基础上,通过卖洋芋提高了收入,户均年增收在5000元以上,过上了幸福生活。

别看洋芋土里土气不好看,用心经营照样可以在脱贫攻坚道路上大有作为。

创新思维精准扶持、凝心聚力彻底攻坚。建立创新产业带动机制,实现"效益好、靠得住"。积极引导承包土地向专业种植大户、农民合作社、农业龙头企业流转,有效地增加贫困户的收入。

■ 故事七：撑起灵芝伞，甩掉贫困帽

胡周嵘是利苴村建档立卡贫困户，因为家乡的贫穷，做了几年农活的他收入一直上不来，后来到外地打工学习了灵芝等药材的种植技能。想着家乡的条件适合种植灵芝，于是回到了利苴。在政府产业扶贫政策的帮助下，他把自家的小厂房盖了起来。2015年种下第一批灵芝，经过两年的接种研究，终于在2016年接种当地野生灵芝并在山地获种成功。

胡周嵘种植的野生灵芝　　　　胡周嵘在林间翻开叶子展示灵芝

他说："刚开始时投入就有十五六万元，感谢政府的帮扶我才能把灵芝做起来。野生的卖价高，山里的东西好，只要种得出来就卖得出去。"胡周嵘自己到昆明把销售渠道跑通了，直接卖到昆明。他在家里的小厂房门上挂起了"玉龙县石头乡利苴药材种植专业合作社"的牌子，也实现了脱贫。

胡周嵘说自己愿意教村里人，大家互相帮助，一起把灵芝种起来，种好了有钱了生活才能越来越好。现在，利苴村产业带动机制建了起来，积极引导承包土地向专业种植大户、农民合作社、农业龙头企业流转，有效地增加

了贫困户的收入。

"拔穷根"关键靠产业。发展产业是实现脱贫的根本之策、根本之路。发展什么产业、以什么产业为主打，这是一大课题。立足自身实际，突出比较优势，玉龙县在发展特色产业、助推脱贫攻坚方面闯出了一条新路子。

故事八：闯出的"钱途"

光热、土地资源丰厚的大具乡头抬村，却一直找不到致富产业。

现年52岁的单治福虽然长期在家务农却很喜欢学习，经过多年对农业、科技类杂志和书籍的钻研，他发现大具乡炎热的气候条件最宜于种植葡萄。于是，他到云南境内盛产葡萄的弥渡、元谋、呈贡、宾川、永胜等地考察，并带回家中进行小范围试种。试种由最初的几棵到几分地再到一两亩，试种葡萄生长很快，当年就结果，而且葡萄口感品质明显好于省内任何一种葡萄。

技术员在向葡萄种植户推广葡萄种植技术

他惊喜地发现，在大具乡这片沃土上，外来的任何葡萄长在这儿都会变成甜葡萄，口感是原产地不可比的。于是，单治福开始大兴葡萄产业，并于2011年成立了玉龙县农圣果蔬种植专业合作社，建立了党支部，他被推举为党支部书记。在党支部的带动下，"党建＋合作社＋农户"的模式在大具乡得到迅速推广。

大具乡葡萄在滇西北已渐有名气，成为丽江市场最受欢迎的葡萄，并开始销往北京、上海、广东等地，名气越来越大，种植面积也从2002年的2.2亩，发展到目前的300多亩，经过葡萄产业的带动和脱贫攻坚的推动，现在78户建档立卡贫困户已全部脱贫。

闪闪发光的金叶子产业在巩固脱贫成果中发挥了重要作用。在脱贫战役中提升了传统产业含金量，培植和发展新产业，源源不断产生强大的脱贫动能。我们勤劳的纳西族妇女靠着一天一天地辛勤劳作，拾捡一片一片的金叶子，近年老宅一日一日地翻新，彻底甩开贫困帽子，奔跑在小康路上。

■ **故事九：种出脱贫金叶子**

"天雨不润无根之苗"。脱贫致富终究要靠贫困群众自己的辛勤劳动来实现。玉龙县巨甸镇贫困户余自芬的丈夫身体一直不好，家里基本靠她一人打理。她所在的武侯村村委会红顶七组位于大山的深处，家里平时靠种植玉米、白芸豆等赚取生活来源，但是随着两个孩子逐渐长大，丈夫有病在身，生活逐渐过得捉襟见肘。

烤烟种植是玉龙县的支柱产业，烟农从地里把烟叶收回来后需要细致地把叶子一片片串起来，再送进烤烟炉烘烤

烤成金黄色的烟叶被送到烟站，烟站的工作人员负责收购

2016年初，余自芬家被列为建档立卡贫困户，镇党委政府鼓励扶持她发展烤烟产业。虽然有党和政府的帮扶支持，但余自芬深知要脱贫还是得靠自己，她一口气承包了房前屋后的7亩地开始种植烤烟。种烤烟很辛苦，育苗、防虫害、烟叶护理，丰收后还要进行烘烤，需要付出很多心血。余自芬的丈夫长年患病，种植烤烟的担子主要落在她一个人肩上，但是有政府这个强大的后盾，余自芬觉得未来可期，只要付出了一定会有收获。余自芬的辛勤努力最终得到了回报，2017年底，余自芬家的收入已经成功越过了贫困线，她的小女儿正在准备考研究生，大女儿研究生也快毕业了，7月底自己又要搬家了，这次是搬到镇里新建的安置房。余自芬由衷地说："自己奋斗出来的生活真甜！"

玉龙着力发展十大高原特色农产业，几年来累计整合资金8025万元，通过"党组织＋经济组织＋贫困户"模式带动群众脱贫一批，全县建档立卡贫困户户均扶持资金不低于1.9万元，每户至少有1项增收致富产业，户均增收3000元—5000元。除了特色种植业，养殖业也是玉龙的一大特色。成立农业专业合作社791家，家庭农场115家，扶持龙头企业48家，带动建档立卡贫困户3318户，占全县建档立卡贫困户的79.9%。

■ **故事十：雪山下有个"牛司令"**

和杰林是白沙镇玉湖村人，出生于1970年的他，儿时最深刻的记忆就是"饿和穷"，艰苦的生活使一家人都营养不良，也让他患上了胃病。

2001年，和杰林做起了牵马旅游服务，玉湖村旅游合作社成立后，他当选为马队长。2011年,他开了玉湖村第一家带标间的"帝溢居"民俗客栈。2012年,他又成立了诚挚种养殖农民专业合作社,养殖西门塔尔牛。他最先将村里的建档立卡贫困户纳入帮扶对象中,并低于市场价向7户贫困户提供育种小牛。在养殖的过程中给予配种、防疫、管理等方面的技术支持和指导,而且每年免费为他们提供部分青储饲料。

  截至截稿,全镇西门塔尔牛的存栏量已经达到2000多头,而且这一数字还在逐年增加,养牛业的发展为白沙的脱贫攻坚注入了更多的内生动力。

  "大女儿今年从韩国留学回来了,小女儿正在西南林业大学读大四。生活富裕、收入稳定,子女学业有成,这些在以前是想都不敢想的事,现在都实现了。"说起今天的美好生活,和杰林脸上都是满满的幸福。

雪山脚下的生态牧场

06 Chapter

披星戴月

幸福都是奋斗出来的

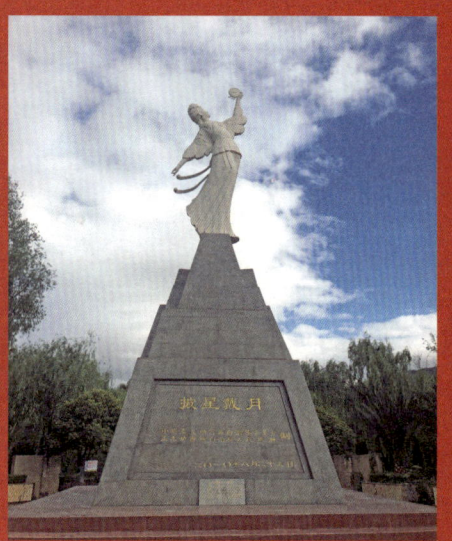

肩担日月，背负星辰，俗称"披星戴月"，是纳西族妇女的传统服饰，象征着勤劳勇敢，也象征着纳西族人民"幸福都是奋斗出来的"坚定信念。

　　纳西族妇女最珍爱的民族服饰，也是印在纳西人民骨子里的民族之魂，他们不畏艰难，自强不息，肩担日月，背负星辰，用实干唱响了少数民族的脱贫之歌。

> 幸福不会从天降，好日子是干出来的。脱贫致富终究要靠贫困群众用自己的辛勤劳动来实现。
>
> ——习近平《在中央扶贫开发工作会议上的讲话》
>
> （2015年11月27日）

第一节　再走长征路

1936年4月25日，由贺龙、萧克、关向应、任弼时、王震等率领的红二、六军团，为实现北上抗日的伟大战略，在玉龙县石鼓、大同、新华、巨甸一线顺利渡江北上，在丽江的革命历史上写下了光辉的一页，在人民心中留下了坚忍不拔、不怕困难、勇往直前的长征精神。

长征精神，就是中华民族百折不挠、自强不息的民族精神，也是激励玉龙各族群众脱贫攻坚的精神力量。

■ 故事一：心中有信仰，脚下有力量

舞台上，"红军"正在把孩子托付给村民，依依惜别之情感动着台下的观众。《金沙江畔话红军》演绎了1936年贺龙率红二、六军团在石鼓渡江，军民团结摆脱敌人的围追堵截北上抗日的故事。短短三天内，1.8万余将士

被红军从监狱解救的士可农民尹学富，后帮助红军渡江扎筏子 　　曾经为红军牵过马的石鼓营盘村纳西族老大妈陈尚英 　　为红军当过向导的石鼓海洛塘人年震

留在巨甸的老红军战士周学义 　　留在士可的老红军战士田明文（左）与汤自光结为义兄弟 　　为红军做过饭的纳西族老大妈

协助红军长征过金沙江的石鼓先辈

在石鼓百姓的帮助下，利用8只渡船和木筏渡江，渡口昼夜不停，神速强渡，红军队伍胜利渡过金沙江。

1977年，省政府将石鼓"红军长征纪念碑"和"红军长征文物陈列室"确定为云南省第一批爱国主义教育基地。每年都有成千上万的人到这里追忆红军长征的革命历史，缅怀老一辈无产阶级革命家的丰功伟绩。

红军北上去江边，大队人马过村前。正义之师爱人民，清水一桶变银圆

协助红军长征横渡金沙江,既是石鼓人民的骄傲,也是支撑石鼓人民渡过一个又一个艰难险关的精神支柱。"尽管红军长征已经过去了80多年,但红军和先辈的精神鼓舞着我们,激励我们与干旱、洪水、贫困搏斗。"正是在代代相传的长征精神教育下,石鼓人不畏艰难、吃苦耐劳,在脱贫攻坚道路上走得又快又稳!

红军抢渡金沙江已成往事,但长征精神却并不如烟,它已成为玉龙人民意志与品格的注脚;成为他们发愤图强、坚忍不拔、战胜一切困难的支柱。那一段刻骨铭心的红军过丽江的史诗烙印在玉龙儿女的灵魂深处,不断激励、感召着玉龙人民在脱贫攻坚的道路上勇往直前。

■ 故事二:红色产业别样红

石鼓竹园村是云南草竹编手工艺传承之村,2013年被列入中国传统村落名录。1936年,红军长征来到万里长江第一湾渡江时,百姓为了表达对红军的感激之情给红军送草鞋、斗笠,曾有"军民一家亲,送去草鞋竹帽给红军"的佳话。多年来,草竹编成为旅游市场上的工艺品,传统技艺焕发了新的生命力,拓宽了当地群众致富的门路。

除竹编手艺外,村民们在闲暇之余更是吹、拉、弹、唱样样在行,是名副其实的"文艺村"。竹园村在2016年8月成立"玉龙县石鼓竹园文化演艺公司",犁田、撒种、竹编、

文艺团队将一幕幕场景搬上舞台,到各地传承"金沙江畔话红军"的红色记忆

竹园村妇女在编织工艺品,用双手编出一条致富路

缝补等一幅幅生活场景被搬上舞台，至今参加各级文艺演出达 3000 多场次。2012 年 9 月代表丽江市参加中国福保文化艺术节的舞台剧《洛呗咋》《金沙江畔话红军》，分别荣获金奖和银奖。

竹园村还成立了手工艺作坊出售竹编工艺，竹编、舞蹈皆远近闻名，参与作坊的队员们白天在竹园公司基地打工获取报酬，晚上星期一、三、五在家编制竹编，星期二、四、六聚集一起编排舞蹈。不仅在丰富的文化生活中增加了收益，周末还可以休息一天嘞！

第二节　用自己的双手改变命运

长征精神代代传，披星戴月奔小康！坚定信念，秉承精神，玉龙人民心怀感恩，携手共进，在玉龙县脱贫攻坚进程中创造了一个又一个奇迹……

■ 故事一：家在哪里梦就在哪里

从中国农业大学园艺专业毕业的尹云霞，似乎是专门为故乡黎明乡的脱贫致富而上大学一般。她于 2012 年放弃在外就业的机会，回到黎明专心致志地搞起了百合种球的种植培育，并注册成立了丽江云曦花卉有限责任公司，公司基地建在自家，用的工人全都是当地人。短短几年，仅劳务报酬就支付了几十万元。

2016 年 6 月，尹云霞与本村建档立卡户签定劳动用工协议，有

尹云霞的"梦想花园"

用工需求时优先考虑贫困户。同时，还为当地解决了2名本科生、2名大专生、1名高中生的就业问题。2018年7月中旬，尹云霞参加了昆明国际花卉展，其间，来自全国各地的10多家花店与她达成合作意向。

以花卉种植为枢纽，延伸开发休闲、观光农业，高标准建设一个现代生态农业科技示范园是尹云霞的致富蓝图。她计划在未来五至十年内，力争带动周边的农户种植百合种球上百户，公司给予技术支持，并负责百合种球及切花的销售，建成100亩优质百合种球生产基地。形成以户带户、以户带村、以村带乡的农业技术示范新模式，为当地巩固脱贫致富成果，农民致富增收开辟一条新路，为乡村振兴做出力所能及的贡献。她说："家在哪里，梦就在哪里，而我相信通过努力梦想一定能实现。"

"扶贫济困，你我同行。"坐拥百万身价仍选择倦鸟知还，在党的脱贫攻坚好政策的贯彻落实下，自愿承担起脱贫攻坚一份沉甸甸的责任，积极响应国家提出的扶贫攻坚和乡村振兴的号召，成立"玉龙小黑"养殖联盟，帮助当地48户建档立卡户成功脱贫。

■ 故事二：农民企业家的扶贫情怀

据《徐霞客游记》记载，游玩丽江时拉市海海边菜肴"柔猪"令徐霞客拈须一笑，念念不忘。"徐霞客笔下的柔猪，而今也会令你啧啧称赞"，姚园农庄董事长姚国伟发表获奖感言，这次庄园的柔猪"玉龙小黑"项目在丽江首届青创文化节活动中荣获金奖。

曾坐拥百万身价的企业家姚国伟选择倦鸟知还，回到家乡的土地上创办了丽江姚园农庄有限责任公司，该公司是集现代种植、特色养殖、餐饮、休闲、娱乐、销售等于一体的休闲农业综合型企业，在拉市海远近闻名。

一花引来百花开，为帮助当地48户建档立卡户脱贫，姚国伟积极响应国家提出的脱贫攻坚号召，组织农户成立"玉龙小黑"母猪养殖联盟，以"公司为育种基地+农户为养殖联盟+休闲牧场"的模式为乡村振兴出力。

2017年,农场聘请村民作为劳务人员种植苹果、雪桃等水果并给予报酬,同时教授种植技术让农户种植,合作社统一分级后组织销售到全国各地。通过成立合作社,以"农户+合作社+商城"的模式风风火火地运作着。

农场的帮扶政策效果立竿见影,农户经济收入翻番并掌握了养殖技术。48户建档立卡户跟随着农场的脚步,在欢声笑语中正赶着"玉龙小黑"奔小康。

科学养殖,蓝天白云下"玉龙小黑"出门溜风

拉市海风光

艰苦卓绝的历史环境塑造了长征精神，而长征精神又使红军跨越了千难万险，走到中华民族抗战前线。身处祖国西南边陲高寒地区的玉龙人民也时刻谨记长征精神，在党的正确领导下闯出了一条脱贫致富路。

■ **故事三：穷乡换新貌**

以前，玉龙县九河乡因土地贫瘠，大多数人都选择背井离乡外出打工。如今，外出务工人员返乡带动、外来企业介入推动，九河乡闯出了一条规模化、规范化发展高原特色农业、绿色食品的新路子。

至截稿时，全乡共有53名在外务工人员返乡创业发展特色种植业和养殖业，另有16家外来企业在九河乡流转土地发展种植业。外来企业和在外务工人员返乡通过流转土地一共建立5500亩绿色食品种植基地。

到达玉龙县九河欣兴农业开发种植有限公司种植基地时，眼前一片生

杨灿江带领农户种植草莓

机盎然，看到露天种植的蓝莓树上结满果实；大棚内，几位工人正在打理草莓。"原来一直跟丈夫在香格里拉做工程，2012年回到九河流转土地种植蔬菜，不仅和家人更近了，而且家乡好才是真的好呀！"公司法人杨灿江介绍，她一共流转了104亩土地，现在主要种植草莓和蓝莓。在她的基地里，长年务工人员达12人，每年支付务工费接近20万元。"人心齐，泰山移。"我们坚信，在党中央和习近平总书记的指引下，脱贫攻坚必将成功，辉煌的中国梦必将书写，全面建成小康社会的伟大百年目标必将实现。

基地聘请当地村民务工帮其就业

实行"一村一品、一户一业"产业扶贫战略，实现"一个人富叫小富，带领大家一起富那才是大富"。红手印的背后有着不可小觑的脱贫政策。

■ 故事四：1015个手印背后的故事

"一个人富叫小富，带领大家一起富那才是大富"，杨四龙看着远处的雪山喃喃自语。这位一手经营正龙集团的董事长不曾想在2007年收到一份特殊的"邀请函"，塔城乡洛固村村民送来的1015个鲜红手印。心系乡亲，他放下发展壮大中的企业回到洛固村按程序参加选举。

先出资解决村民生活燃眉之急，而后筑公路、建卫生室等，任期的6年间为洛固村组织实施了2000多万元的建设项目。2013年，村民们再次拿出"红手印"留住期满卸任的杨四龙。本着"造血方可治穷"的理念，他带领村民外出打工、创办养殖企业。分片规划扶持，形成洛南鸡、洛北羊、洛固山猪、洛西蜂蜜等产业。打造"阿乡系列"形象品牌，山茅野菜也成了抢手货。

杨四龙与村民规划道路设施，亲自带领村民建设通往小康社会的新道路

"洛固"是藏语，有落后的意思，杨四龙便改村名为"十八寨沟"，这是他对民族山村美好未来的憧憬。如今的十八寨沟发生了翻

杨四龙召集村民宣传"打工脱贫奔小康"，推广特色产业发展脱贫

天覆地的变化，宽敞明亮的教学楼、改善人畜饮水的管网、家家户户的太阳能、四通八达的水泥路。村民还自发组建了"勒巴舞"队、锅庄队、弦子舞队，从服装到道具样样俱全……村容面貌焕然一新，老百姓喜笑颜开。

没有比人更高的山，没有比脚更长的路。只要坚定信仰，付出努力，一定会实现所有的理想。只要心怀感恩，温暖前行，我们就会创造一个更加美丽的世界。

■ 故事五：用双手托起致富梦

家庭条件相当艰苦，房子破旧、婆婆患有胰腺炎、公公体弱多病，欠下6万多元外债……这些都是压在李盛兰身上的几座大山。自2012年嫁入石头村，李盛兰就做好了和贫困做斗争的准备。

她坚信，脱贫不能"等、靠、要"，人只要精神不倒，再难的日子都能熬出头！看到一些村民在国家政策的扶持下抓住时机发展种养殖产业后赚了很多钱，她心里也有了致富的想法。先是了解政策后利用专项产业扶持资金和丈夫一起种植大蒜、烤烟等经济效益较好的作物，并主动承包村民外出打工闲置下的土地发展产业。同时，扩大自己的养猪规模，从一头、两头到十几头，看着猪圈里的小猪仔一天天长大，她高兴得不得了。

慢慢地，在政策扶持下、在李盛兰一家的努力下，全家人年均收入达到了5400元左右！还了欠款、住上了新房子，生活有了新奔头，婆婆脸上的笑容也多了。如今，两位老人的精气神儿特别足，逢人便夸李盛兰："这是我们的福气啊，有这么好的儿

不向贫困低头的李盛兰用勤劳换取全家人的幸福生活

媳妇。"

以市场为导向，以经济效益为中心，以产业发展为杠杆的扶贫开发过程，是促进贫困地区发展、增加贫困农户收入的有效途径，是扶贫开发的战略重点和主要任务。这一片片的产业梨园，带领着靠天吃饭的农户们共赴致富之路。

■ **故事六：二十年的不"梨"不弃**

2009年，丽江的一枚桃子火了，2009年丽江雪桃在国庆60周年宴会上成为一抹鲜红的印记，但被誉为"丽江雪桃之父"的木崇凤却鲜为人知。2018年12月12日，年过花甲的木崇凤又带着他精心培育的丽江木梨亮相在昆明举办的丽江木梨新闻发布会上。

木梨在交易现场深受外国友人欢迎

2002年成功培育出雪桃后，已近花甲的木崇凤没有选择就此安享晚年，而是又"折腾"起木梨来。"10年前我就想过，云南越贫困的地方，生态越好，环境越好。而玉龙县当地老百姓生活都比较清苦，所以我一直想把生态和经济结合起来，带领老百姓脱贫致富。但光有雪桃是不够的。"

于是，木崇凤走进了"三江并流"的腹地，结合从"三江并流"地区采集来的6棵百年以上梨树的基因，用无性繁殖母本进行改良。通过十多年的努力，于2014年终于培育出适合冷凉高寒地区种植的高原特色新品种梨。2017年12月，孝尊集团公司花了近2年时间，终于找到了那无意中吃到的有着独特口感的木梨。于是立即与木崇凤谈成了共同发展木梨的合作，成立了丽江孝尊木梨产业发展有限公司。

在2000亩的木梨基地，每天固定打工的村民有30多人，农忙时节多达500人。公司还准备开办木梨种植培训学校，让合作社的农户白天干活，晚上培训技术，村民不仅增加了收入，还学到了技术，木崇凤的心愿正在慢慢变为现实。

手拉手脱贫攻坚，心连心筑梦小康。在脱贫攻坚战斗中没有旁观者，父老乡亲都是践行人。打赢脱贫攻坚战，全村一起奔小康。

■ 故事七：一人勤富自己，众人勤共富裕

大具乡卡子村村民和本建曾经受过伤，因腿脚行动不便，靠种植农作物每年仅有五六百元收入勉强维持生计。

和本建原可以被归为建档立卡贫困户享受政策红利，但他拒绝了。他在金稞庄园党支部支持下养殖了12头梅花鹿，自力更生改变了现状。到2019年梅花鹿数量已达20头，在产业化养殖的带动下，和本建一家不断增加农作物的种植面积，产量确保能供给自家梅花鹿外还有结余可卖，收入有了很大的提高。"以前我是吃了上顿没有下顿，家里经常揭不开锅。现在发展梅花鹿养殖，每年有三四万元纯收入，吃穿不愁，还盖了新房。"

通过和本建这样自强不息的党员带动，村民在政府帮扶下积极发展产业脱贫致富，并改善了村容村貌。如今的卡子村，完成了灯光亮化改造，全村通了水泥路，文娱设施齐全。"以前晚上出门要点火把，村里全是泥浆路，现在已经大变样了。"村民

和本建在自己的养殖基地喂养梅花鹿

们还积极参与到护林防火和生态保护工作中,为此连生活习惯也改变了不少,30%的男人都戒了烟。

一人勤富自己,众人勤共富裕,卡子村村民正在党支部的大力帮扶下靠勤劳的双手开拓新生活。

不等靠,不等要,积极发展产业链,让移民群众有事做、能发展,基本实现"搬得出、稳得住、逐步能发展"的规划目标,呈现出民族团结、社会安定、和谐发展的良好局面。

金稞公司给农户发放山地鸡鸡苗

■ 故事八:移民不易志

九河白族乡九安村是国家西部大开发项目——金沙江一库八级水能资源开发的移民安置地,自2007年12月起已先后安置了"阿海电站""金安桥电站""梨园电站"库区移民,设有11个村民小组,共217户947人。移民人数众多,安置情况复杂,工作任务艰巨。

直至2007年实物指标摸底调查开始,移民工程正式启动。李志文作为村小组长,在移民对象名单确定后,便开始逐户动员宣传。在李志文的带头下,全村移民外迁户没有一户阻碍移民工作。2010年7月,住古五组24户103人3天内全部搬至九河安置点。

之后,由于移民政策等原因,移民群众的长效补偿较低,集体财产一直未能兑现,移民群众对此意见较大。李志文明白,要想脱贫致富只依靠政府补偿是不可能实现的。因此,李志文开始了漫长的产业探索之路,并于2013年投资200万元成立丽江九安生物开发有限公司,主营中药材种植和加工,并带头尝试发展香菇产业。

经过多年产业发展，李志文的中药材种植加工和香菇种植产业均取得了成功。在自身发展的同时，李志文没有忘记一同外迁的移民群众，先后有 23 户移民群众参与公司入股，每年都可以从公司获得稳定分红。他积极向村民传授种植经验、联系销路，还把部分缺乏资金无法自己发展产业的村民吸收到自己的公司务工。经过几年的努力，九安村已种植白芨 100 余亩、独定子 200 余亩。李志文正带动移民群众在家门口脱贫致富。

又是一季好收成

第三节　自强诚信感党恩

俗话说："打铁还要自身硬。"脱贫攻坚，在党和政府的帮扶下，贫困群众自强不息才是根本。摒弃"等、靠、要"，在"知党恩"中自强，在"感党恩"中脱贫，玉龙人民心向党，脱贫致富奔小康。

■ 故事一：无臂青年书写励志人生

在丽江，人们都会一次次去古城看口书书法——"和志刚书斋"已然成为古城的一道独特风景。书斋主人是失去双臂、靠着自己无比坚毅的意志成为一名口书书法家的和志刚。和志刚1968年出生于玉龙县一个纳西族小村子，11岁时不幸触碰高压电失去双臂。他失臂不失志，以超乎常人的顽强毅力以口代手写字，苦练书法，成为国内外著名的口书书法家。和志刚年轻时还曾在残运会上32次夺得金牌，其中在中国第一届残运会上夺得400米、800米、1500米三项冠军，他还是2008年奥运会火炬手。曾被评为第十四届"中国十大杰出青年"，而且是"全国五一劳动奖章"获得者，目前还担任丽江市残联肢残人协会主席。

面对正常人无法想象的磨难，和志刚身残志坚，砥砺奋进，战胜困难，超越自我，成为父母的骄傲，社会的宠儿，他拥有漂亮的妻子，幸福的家庭。这一切，无不诠释着经常有人请他书赠的"天行健，君子以自强不息"那幅字的要义。

多年来，和志刚是丽江家喻户晓的励志青年，更是父母教育青少年自立自强、顽强拼搏的生动榜样。在脱贫攻坚中，他的事迹更是成为激励广大年轻人响应党中央号召，不等不靠，主动担当，依靠自己的努力改变命运的榜样力量。

實施精准扶貧
堅決打贏脫貧攻堅戰

和志刚

中国十大杰出青年
著名口书书法家

玉龙县情系困难群体，奉献诚挚爱心。积极响应国家扶贫政策，助力残疾人产业脱贫。让残疾人保持自强不息、乐观向上的精神状态；顽强拼搏、不向命运低头的坚强意志；不等不靠、塑造迎难而上的优秀品格。

■ 故事二：身残志不残

九河乡回龙村的杨红宝，天生肢体残疾，母亲去世后，年幼的他便外出闯荡。2013年返乡创业，种植的药材绝收，核桃苗死伤大半，多年积蓄都砸在了里面。

陷入困境的他在玉龙县残联的帮扶下，通过近两年的努力，于2015年成立了自己的红宝生态农

市残联领导为杨红宝的合作社授牌

业开发有限公司，而且还率先栽种昭通红肉苹果，并成功驯化培育出药材天门冬和小苦参，成了云南省个人成功驯化小苦参的第一人。公司现共种植药材200多亩，小苦参每亩地的经济收入可达4.5万元，天门冬每亩的收益可达3.6万元，幼苗销售渠道业已成熟。

收获之时杨红宝不忘回报。他提供培训场地，给公司10余名残疾人免费发放了价值9万元的苹果苗；自筹12万元挖通机耕路，为村民打通了上山的唯一通道；修了蓄水池，村民自由使用；接通了电路，村民可以免费抽水灌溉。

身残志坚的杨红宝富起来了，同时用"公司+合作社+农户"的发展模式带动周边残疾人及村民共同勤劳致富。

撸起袖子加油干，打赢脱贫攻坚战。响应国家政策，顺应扶贫政策，依靠自己勤劳的双手，日子会越过越好。

■ 故事三：我决不做一个懒汉

52岁的熊杰是九河乡金普村拉普组的普米汉子，他们家是村内典型因学致贫贫困户，三个女儿两个上大学，还要赡养90多岁的老母亲。自玉龙县脱贫攻坚战打响以来，各项政策补助开始惠及贫困农户，熊杰家也位列其中。有的村民说熊杰家这回舒服了，一样都不用干就等着国家给钱。听了这些话熊杰心里很不是滋味："虽然党的政策好，但我决不能做一个懒汉。"

熊杰为了改变现状，主动学习山葵种植技术，于2015年在自家2亩多的田里进行了山葵试种，2016年赚了2万元。尝到甜头的他加大了山葵种植的决心，向别的农户租了10亩地，继续发展山葵种植。他还积极和丽江普源生态农业综合开发有限公司交流，加入金普村山葵种植合作社。除了种植山葵他还发展烤烟种植，一年下来也有1万元左右的稳定收入。

"现在国家政策好，产业扶持力度大，不但有产业扶持资金还可以免费学习技术。"熊杰还做起了山羊土鸡养殖，从一开始的10只羊发展到现在的40多只羊、20只鸡。与此同时，他将自己的部分产业扶持资金1.25万元

熊杰的房子焕然一新

入股到金普村"84迈康种养殖专业合作社",2017年10月获得第一次分红1250元。没有了后顾之忧的熊杰晚上睡觉更踏实了。

熊杰把家里的3间危房翻盖成新楼,有了宽敞的院子和带太阳能的卫生间。再加上当地普米族整族帮扶精准脱贫的政策,重新建了一个普米族传统火塘,以前破烂的土房子变成了普米特色民居。

"在电视里看到习总书记定了'两个一百年'的奋斗目标,我们家也要定一个脱贫奔小康的奋斗目标。"熊杰说,"有了目标才有方向,明天才能变得更好,习总书记的重要讲话为我们下一步的生活指明了方向,让我们干劲十足。我坚信只要撸起袖子加油干,依靠自己勤劳的双手,日子会越过越好。"

用真情扶真贫。扶贫路上"一个老乡也不能放弃",让拒绝产业扶持的倔老头成为脱贫致富路上的好帮手。

■ 故事四:倔老头也有软心肠

说起鲁甸乡太平村排底三组的雀正林,那可是个让人一筹莫展的倔老头。一辈子生活在大山里,思想闭塞,别人都筹划着脱贫致富奔小康,他却甩不掉"等、靠、要"的旧思想。

就是这样一个倔老头,却挡不住鲁甸乡人大主席和中华的扶贫脚步。"一个老乡也不能放弃",为了让雀正林转变思想,和中华积极发挥党员带头作用,不厌其烦地讲政策,深入浅出举例子鼓舞他。一次次不厌其烦地上门劝说,和中华的坚持终于打动了这个倔老头。雀正林开始自己种植中药材,短短三年家庭收入已达到年人均8000元,真正实现了"两不愁三保障"。

2018年,雀正林家喜添男丁,但这个小男娃却患有先天性唇腭裂,生活刚刚有所好转,巨额的医药费又给了雀家当头一棒。和中华得知后,积极帮他查资料、找医院,并对接好负责人,安排好就医行程……小家伙现已痊愈。

几年来雀正林也发生了变化。在村组道路水泥路硬化施工过程中,雀正林不仅没有再倔强，反而出门迎接施工方。"这么多年政府对我家很关心，为我家解决了大困难，我真的很感激，所以你们要占多少路基我都同意，你们放心施工吧。"村民们纷纷竖起了大拇指，原来倔老头本就有软心肠。

对"一方水土养不起一方人"地区的建档立卡贫困人口实施易地扶贫搬迁，这不仅是贫困人口"挪穷窝、换穷貌、改穷业、拔穷根"的治本之策，更是打赢精准脱贫攻坚战的关键举措，体现了各级党委政府对广大贫困群众的关怀。

通过"自强、诚信、感恩"主题教育，思想闭塞的老乡不再"等、靠、要"，纷纷勤劳致富奔小康

■ **故事五：搬出来的新天地**

"过去我最怕下雨，外边大雨，屋里小雨，床上被褥全受潮，还得担心屋后山体会滑坡，现在住上这么好的房子是我以前做梦都没有想到的事。"玉龙县石鼓镇色古村搬迁安置点的村民蜂国栋指着自己的新房子高兴地说。色古村原址属于高寒山区，坐落于石鼓镇对面的山尖上，是个傈僳族村，全村 12 户 58 人全部为建档立卡贫困户。

2015 年，地质专家经过调查评估，认为色古村存在较大地质安全隐患，已不适宜居住。在政府的帮助下，色古村从山尖上搬了下来。现在的色古村，青山环抱，一栋栋青瓦白墙的民居依次排开。走进村里，在墙上、门前，一幅幅描绘美好生活的画卷表达着住在这里的 12 户傈僳族同胞对美好生活的向往。在住宅区西面，一排专门圈养牲畜的房子里早已养起了猪、鸡等牲畜。村民蜂国栋高兴地说:"现在好了,小院里还能种点蔬菜瓜果和重楼,客厅、卧室、厨房、卫生间都有了,家里还换了新家具。"

搬迁后色古村离土不离地,村民们在原色古组土地上全都种了核桃树,同时发展土鸡养殖。一年下来,卖核桃的收入户年均5000多元,加上卖土鸡的钱,每家每户的生活确实比以前好太多了。下一步,村民们打算一起成立合作社,加大发展重楼产业,让村里的生活越过越好。

住进新居的蜂国栋一家其乐融融

蜂国栋旧居

■ **故事六：晚上睡觉不用再怕石滚滚**

凌晨 4 点钟，天刚蒙蒙亮，家在石头乡雄志村的杨丽华已经起床，前往同村小玉家中，今天她们要去逛街，为新房添置生活用品。

杨丽华与小玉看到村里的破房屋变成了宽敞的新居，不禁说道："住上新房子，'搬'出新路子，将来我要在新盖的房子里面好好打算一番，想必日子会越过越红火。"

巨大的山体裂开了一个大口子，细碎的落石纷纷顺着山壁滚落下来，山底的房屋被石块撞得噼啪作响。这曾是雄志村村民居住的环境，村民夜不能寐，始终提心吊胆。"以前我总是睡不踏实，怕突然遭遇地质灾害房子就倒了，每到雷雨天的时候，孩子他爸晚上都会守夜，生怕会有石头砸下来，现在我们再也不用担心住得不安全，全家都可以睡个安稳觉了。"小玉说道，此时二人带着对未来的美好期盼走进镇里的商场。

现在，村民们已经搬离了原来那个地质灾害隐患点，住进了安置点的新房，提起以后的日子，一位入住新房子的村民信心满满地说："以后的日子啊，肯定是越过越好！"

雄志村的新房子　　　　　　　　住上新房的杨丽华一家

■ 故事七：家家有电视，村村有书屋

吃过晚饭，宝山乡吾木村的和大爷准时打开了电视机，七点钟的央视《新闻联播》是他每天必看的节目，"了解了解国家大事，听听党中央的声音。"和大爷一边看还一边拿出小本做着笔记。"今天的收获可不少，走！去健身广场跟隔壁老刘头聊聊。"才上小学的孙女也跟着出了门，"爷爷，我也一起去书屋看书。"

作为曾经的贫困村，近年来通过各级党委政府的扶贫政策，吾木村脱贫奔小康的道路越走越宽，村民的生活也变了模样，精神上也有了更高的追求。

为此，自2005年起玉龙县启动广播电视"村村通"工程，到2017年全县广播电视信号覆盖率达99.99%，贫困村广播电视信号覆盖率为100%，实

"天雨流芳"是纳西语的音译，行云流水般书写在丽江木府旁的一座牌坊上，其纳西语意为"读书去吧"

现建档立卡贫困户信号"户户通",家家都有电视机。

不仅如此,玉龙县还积极开展文化基础设施扶贫。13个村级文化活动室、5个村级文化体育活动广场、113个农家书屋书刊阅览室全覆盖。现如今,曾经的贫困村也能像城里人一样茶余饭后跳起广场舞,在家门口也看起精彩绝伦的文艺下乡惠民演出啦。

振兴乡村,必须要物质文明和精神文明一起抓,既要"富口袋"也要"富脑袋"

村里的门球场成了乡亲们闲暇时的"新宠",不仅锻炼身体还拉近了邻里关系

丽江纳西族等少数民族天生喜爱歌舞、擅长歌舞,农民从地里劳动转移到舞台上劳动,让人喜欢的东西成了一种职业,不断弘扬我们优良传统文化中的真善美,通过《印象·丽江》展现我们本土优秀传统文化的同时,为景区旅游业反哺农业做出了极大的贡献。

■ **故事八:我们农民也是大明星**

"我们是少数民族、农民,我们是演员,我们是大明星。"每一场《印象·丽江》演出中都有这样几句台词,而这也是《印象·丽江》演员的真实写照。

说这句台词的演员是来自玉龙县大具乡的杨国柱,2006年得知《印象·丽江》招聘演员的消息后,正在干农活的他思量许久,毅然放下锄头走上了人生的另一个舞台。像杨国柱一样,从农民转变成"大明星"的还有来自16个乡镇村庄的近500位普通农民。

这一场由张艺谋、王潮歌、樊跃导演，丽江玉龙雪山印象旅游文化产业有限公司经营的原生态大型实景演出《印象·丽江》，让曾经靠天吃饭的农民成了有固定收入的演员，也让他们的生活发生了巨大的变化。2006年的时候，演员中仅有一人拥有手机，现如今演员的月均收入达4000多元，手机已是人手一部，还有许多演员分别购买了摩托车、汽车、商品房，有孩子的演员则把孩子接到城里接受更好的教育。

生活条件的改善也让《印象·丽江》的演员们有了归属感，原本单纯为了增加收入养家糊口的想法也发生了变化：我们想让全世界的人都感受到我们少数民族的风俗文化！

雪山脚下的演出圆了农民的"明星梦"

昔日的破旧农村，乘着脱贫攻坚的快车，焕了新颜，变了新样。玉龙——这片热土上的人们用勤劳和智慧，发展特色农业、建设美丽乡村、树立文明乡风，绘就一幅壮美的乡村振兴新画卷。日子好不好，百姓说了算。这一切，当属那些见证了祖国站起来、富起来、强起来的人们，他们最有发言权。

■ 故事九：我为脱贫写首诗

家住龙蟠乡的 76 岁张绍勋奶奶是一位乡土女诗人，她一直将文艺创作作为生活的一个重要组成部分。

"脱贫攻坚辞旧貌，伟大复兴迈辉煌……"从张奶奶众多作品中随手选出一首歌颂脱贫攻坚的诗歌，内容简洁，通俗易懂，字里行间表达了浓浓的爱国情怀。

张奶奶回忆说，自己是丽江农高的第一批学生，当时在国家"上山下乡"大潮的推动下，毕业后回到了生养自己的家乡，支持农村建设。为了改变家乡贫穷落后的面貌，正值青春年少的张奶奶热血激荡，从城里用背篓背回很多旧书，在村里办起了"文化室"，还在村里组织"扫盲班"。为了宣传党的方针政策，丰富老百姓的业余文化生活，张奶奶自己写剧本，带着村里的年轻人演小品，让老百姓从精神上开始脱贫。

经过岁月洗礼的张奶奶说："作为新中国成立前出生的一代人，我目睹

张奶奶为脱贫攻坚挥毫

了新中国站起来、富起来、强起来的全过程，亲身体会到华夏儿女对祖国母亲的深情厚谊。当前，得益于脱贫攻坚取得的辉煌成就，家乡发生了翻天覆地的变化，日子变得越来越好，没有共产党就没有新中国，就没有我们现在的富足生活。所以，每个炎黄子孙都应该感谢我们的党！感谢我们的祖国。"

07 Chapter

中国红石榴

少数民族一个都不能少,一个都不能掉队

各民族要相互了解、相互尊重、相互包容、相互欣赏、相互学习、相互帮助，像石榴籽那样紧紧抱在一起。
——习近平

深入践行守望相助理念，深化民族团结进步教育，铸牢中华民族共同体意识，促进各民族像石榴籽一样紧紧地抱在一起，共同守卫祖国边疆，共同创造美好生活。

在纳西族的历史上，曾有三件大事："白狼献歌""革囊渡江""改土归流"。这三件事是地方政权与中央集权的三次统一，促进了整个丽江政治、经济、文化上了三次台阶，促进了各民族的紧密团结。

习总书记强调："全面实现小康，少数民族一个都不能少，一个都不能掉队。"玉龙县各族人民团结一心，携手共进，创造了玉龙发展史上的一个又一个奇迹，玉龙大地发生了翻天覆地的变化。

> 实现中华民族伟大复兴，需要各民族手挽着手、肩并着肩，共同努力奋斗。
>
> ——习近平《在中央扶贫开发工作会议上的讲话》
>
> （2015年11月27日）

第一节　整族帮扶在行动

为支持和帮助农村贫困群众尽快摆脱贫困，共享改革发展成果，与全国人民同步迈入全面小康社会，玉龙县秉持"各民族都是一家人，一家人都要过上好日子"的理念，真正把"少数民族一个都不能少"落实到各民族群众心坎上。

■ 故事一：三峡情点燃普米火塘

在玉龙县的普米族聚居村，我们看到了一条条整饬洁净的水泥路，一座座新修的普米族民居，一个个温暖的普米特色火塘……近年来，通过三峡集团对普米族实施的精准帮扶，不仅帮助这个由320户组成的普米族村寨一步跨越千年的鸿沟，也点燃了普米族群众脱贫的希望之火。

在三峡集团的帮扶下，金普村修建了极具普米特色的寨门，彰显普米文化

  悬挂在金普村村民和甲里家门口"感党恩三峡情"的牌子格外显眼。和甲里说，在他2016年底刚做了心脏手术的时候，巨额的医药费让家里一贫如洗，就在他一筹莫展的时候，三峡集团给他送来了产业发展资金，并出主意让他养蜂，家里的生活才逐渐有了起色。三峡集团给了大麦地村村民户均1.4万元的产业扶持资金，还根据农户家的实际情况制定了产业发展规划。如今，药材、山葵、养蜂被大麦地村民称为"致富三宝"。截至2018年底，全村共种植药材2000亩、山葵800亩、烤烟500亩，家家户户都养羊、牛、猪，人均纯收入达到了5000元。全村村民在三峡集团的帮扶下，脱贫奔小康的信心大大提升。

  根据国家扶贫政策和三峡集团对特少民族整族帮扶项目的开展，大麦地村依托自身实际在三峡集团的帮扶下，在党员干部的示范作用下农特产业蓬勃发展，普米人民走出了一条宽阔的脱贫致富大道，如今的大麦地村呈现出共同团结奋斗、共同繁荣发展的良好局面。

  老君山是世界自然遗产"三江并流"的八大片区之一，丰富的高山植被，珍稀动植物，众多的冰蚀湖，奇异的丹霞地貌和纳西族、白族、傈僳族、普米族、彝族等各民族多姿多彩的民风民俗，构成老君山景区极具观赏价值和科学考察价值的独特景观。通过发展旅游实现旅游反哺，这个曾不通水、不通电、不通路的傈僳族山村发生了根本性的变化。

■ **故事二：直过民族的新生活**

"这次领到了1万多元反哺资金，除了维持基本生活开支，我还想把房子盖起来，当然也要留一些给娃娃读书。"黎明乡独底村村民熊芬春领到老君山黎明景区旅游业反哺资金后，就已经想好要怎么"花"这笔钱了。

以前，黎明、黎光是黎明乡两个典型的傈僳族直过民族贫困村，靠山吃山、靠水吃水，每天起早贪黑也改变不了贫困面貌，用他们的话来说就是：这日子根本没盼头！自从黎明景区利用得天独厚的旅游资源，按照"党支部+乡村旅游合作社+贫困户"的发展模式，采取旅游业带动就业、旅游业反哺农业等措施推进旅游扶贫以后，村民们一天比一天高兴。尤其到了分红那天，拿着一沓厚厚的百元大钞，心里头更是乐开了花！有了这笔旅游业反哺资金和资源补偿费才能真正帮助大家增收，改变贫困面貌。

现在，村民不出门就有了收入，还能到景区务工，或开个小铺子卖土特产、纪念品，晚上还能穿着傈僳族服饰和游人一起打跳……其实，这就是大家期盼已久的生活，有钱赚、生活好、心里乐！

在老君山景区村民围着广场欢快打跳

第二节　创建民族团结进步示范县

玉龙县脱贫攻坚取得了阶段性的成就，丽江纳西古乐创始人——宣科先生为玉龙脱贫攻坚呐喊助威。

玉龙县创建民族团结进步示范县纪实片二维码

■ **故事一：脱贫攻坚的交响乐**

他是丽江旅游文化的标志性人物，把纳西古乐成功地推向了世界，使之成为丽江饮誉中外的"文化名牌"之一，被称为"丽江鬼才"。他就是"纳西古乐之父"——宣科先生。已九十高龄的宣科先生将毕生精力都奉献给了纳西古乐，奉献给了他热爱的这片故土。

九十高龄的宣科指挥交响乐，礼赞脱贫攻坚伟大事业

对于丽江的文化教育事业，宣科先生十分关心，尤其是贫困地区那些不能得到良好教育的孩子，始终牵动着他的心。为此，他个人捐资助学达1780万元，在全市22所学校设立了宣科奖学金，切实履行着"不让一个孩子因家庭困难而失学"的承诺。

在偶然的机缘下宣科先生认识并资助了鸣音的一家穷苦人，并且留下话："有困难随时来找我。"在一般人看来，这样的客套话一点分量都没有，不管是宣科先生还是这家人都不会把话当真。但出人意料的是，这家人在遇到困难时真的去找了宣科先生寻求帮助，宣科先生也慷慨地施以援手，两家人从此关系更加亲密，像亲戚一样。在生活条件极其艰苦的这家人心目中，"有困难找宣科"早已根深蒂固，并非因为这一家人太过依赖，因为宣科早已成了这一家人中的一员。

走进歌舞之乡，清脆的歌声在山间回响，临近倾听，勤劳善良又热情好客的塔城人民手舞足蹈，沉醉在歌舞的海洋，感受民族大联欢，沐浴乡村振兴战略的浩荡东风，领略别样的塔城风情。

■ 故事二：相亲相爱一家人

4月的天渐渐热了起来，纳西老东巴又像往常一样跳起了"勒巴舞"，一旁的纳西族大妈和藏族大妈们聚在一起研究腌蜜饯，其中一个藏族大妈说道："上回来你家溜达，吃的那个蜜饯味道真不错，我们也想学学腌蜜饯，自己腌着吃。""没问题啊，蜜饯很好腌的，咱们一起腌。"纳西族大妈也热情地说。

不远处汉族大叔和傈僳族大哥在院子里谈天说地话家常，傈僳族大哥家的儿子又闯祸了，汉族大叔说道："我跟你说，管孩子是要讲究方法的，你得根据孩子的秉性脾气来管。""杨大叔你可不知道，这小子跟个皮猴子似的难管得很……"两人正热火朝天地唠着嗑。

委托村过去贫穷、落后，村民们的关系也不像现在这样和谐。随着"民

民族团结一家亲

族团结小康示范村"项目的实施,委托村的基础设施不断改善,农民生活水平显著提高。

委托村谱写了一曲民族团结、共同发展的华美乐章,为脱贫攻坚、加快丽江经济社会发展增添了动力活力,做出了积极贡献。

■ 故事三:十八寨沟整村脱贫不掉队

"全面建成小康社会,一个民族、一个家庭、一个人都不能少",这是习近平总书记代表党中央对全国各族人民群众许下的庄严承诺。塔城乡的十八寨沟村,正是在党和国家的帮助下,实现整村脱贫、整族脱困的典型。

十八寨沟是省级贫困村,境内有纳西族、藏族、白族、彝族杂居,原有建档立卡户37户142人。经过多年帮扶,全村于2017年底脱贫出列,截至2018年底建档立卡户全部脱贫。

由最初村民看山愁、看水也愁到主动融入脱贫攻坚，这是塔城乡党委政府组织工作队员长期驻村扶贫取得的明显成效。为助力贫困户脱贫，工作队员按照农户的实际困难，积极争取资金解决农户的住房问题；大力扶持种养殖产业，增加贫困户收入；倾力解决教育、医疗、饮水方面的问题，确保不让一个贫困学生辍学，对符合条件的大病户给予医疗救助和临时救助，对符合低保条件的农户应保尽保，同时关注饮水安全和季节性缺水问题，全面解决了当地群众"两不愁三保障"问题。

十八寨沟南寨五组和海涛户

"脱贫不脱责任，脱贫不脱政策，脱贫不脱帮扶，脱贫不脱监管"，扶贫工作队员一直把这些话牢牢记在心上。他们说，看到村民脸上都是真诚的笑容，自己心里也很高兴。

■ **故事四：像爱护眼睛一样爱护民族团结**

因工作突出，杨文胜被评为全国民族团结进步先进工作者，成了庆祝新中国成立70周年大会上的全国少数民族参观团成员之一。

杨文胜是玉龙县民族宗教事务局的一名基层干部，工作勤勤恳恳，多次被各级组织授予"优秀共产党员""优秀党务工作者""优秀公务员"称号。

记者出身的他，始终关注边远少数民族群众生存状况，深入少数民族聚居村落，采写了大量新闻稿件，并在各大媒体播出，真实反映边远民族地区贫困现状，呼吁全社会关注支持民族地区发展。

2008年3月，因工作需要调到玉龙县民族宗教事务局工作后，在新的工作岗位上，杨文胜仍心系边远少数民族的生存状况，同时把民族宗教政策

"传道"作为首要职责,他在思想深处自觉将习近平总书记提出的"民族团结是全国各族人民的生命线,关乎国家长治久安、社会和谐稳定、人民幸福安康"的重要论述作为工作指南。他工作中尊重不同民族的风俗习惯,与各民族群众打成一片,像爱护自己的眼睛一样爱护民族团结,像爱护自己的生命一样维护社会稳定,自觉做民族团结进步事业的建设者、促进者、传播者。

全国民族团结进步先进工作者——杨文胜

为了让每一个边远地区的贫困群众都增强法律意识,学会用法、守法,他每到一个地方都充分利用一切机会向基层工作人员和当地群众讲解党的民族政策,宣传法律法规,让广大群众树立各民族一律平等的观念;只要遇到村民有纠纷,他都第一时间参与其中,通过交心谈心,讲解法律,讲清利害,和同事一起做好矛盾纠纷化解工作;只要争取到资金和项目,他都主张使到最需要的地方,让资金发挥最大的作用,让少数民族群众始终感受到党和政府的温暖;他经常引导少数民族家长把孩子送进学校,让他们接受教育,让更多的家长和年轻人认识到智力脱贫的意义,创造条件让农村青壮年劳动力掌握一门技术,到外面务工,增加群众收入。

杨文胜始终着力贯彻党的民族政策,深化民族团结进步教育,促进各民族交往交流交融,促进各民族像石榴籽一样紧紧地抱在一起,在平凡岗位上默默奉献着自己的光和热,为维护民族团结和繁荣贡献着自己的力量。

民族大联欢

群众喜闻乐见的音乐、舞蹈作品，诠释着全县各族群众脱贫攻坚取得的巨大成就；优美的舞蹈和动听的歌声，表达着各族儿女共同欢庆脱贫摘帽后的喜悦之情。

■ **故事五：民族团结"同心圆"**

"大山奉音"，指的就是玉龙县东部四乡大具、宝山、奉科、鸣音。从2017年起，四乡的村民们便有了一个专属于他们的盛会——大山奉音·玉龙县东部民族旅游文化节。

虽然每年的旅游文化节都是以少数民族歌舞为主题，但节目内容、舞蹈编排、服装等都不一样，总能带给观众眼前一亮的感觉。阿卡巴拉舞、藏族

《纳西三部曲》民族大联欢

热闹的大山奉音·玉龙县东部民族旅游文化节

锅庄、盛世欢歌、幸福山寨等带有民族舞蹈张力的节目轮番上演，把金沙江对岸迪庆州三坝乡的纳西人都给吸引来了！大家身着精美鲜丽的民族服饰，纳西、藏、彝、傈僳、苗……这真是一场少数民族的盛会呀！大家都沉浸在这欢乐的气氛中，共享节日的喜悦……

这一场上千人的盛会，让四乡村民最大限度地参与进来，而这也正是玉龙县委主办民族旅游文化节的初衷——落实中央和省市县委决策部署，着力打造民族团结示范乡、文化旅游创新乡。大家都说，民族旅游文化节的举办，加强了乡镇来往交流，提高了农民的精神文明，传承弘扬了民族文化，强有力地推动了民族大团结！

跳起欢快的"勒巴舞"

08 Chapter

玉龙坚信未来

香格里拉并不遥远

香格里拉这个词语最早来自一本20世纪初的英国小说《消失的地平线》，作者是詹姆斯·希尔顿，书中描述了一个叫蓝月谷的净土，这个地方在高山峡谷中，森林繁茂，百花斗艳，雪山巍峨高耸入云，藏族寺庙金碧辉煌，有高僧有灵性，是为"人间天堂"。香格里拉（shangri-la）意为心中的日月，人间的天堂，世外桃源，诸多美好汇集一身。

脱贫摘帽、绿色振兴、民族团结、人民幸福，各民族兄弟姐妹齐心筑梦，奋力奔跑，汇聚成一股澎湃的玉龙力量……

> 打赢脱贫攻坚战是一项光荣而艰巨的历史任务，夺取全面胜利还要继续付出艰苦努力。我们要一鼓作气、越战越勇，为如期全面打赢脱贫攻坚战、如期全面建成小康社会作出新的更大贡献。
> ——习近平《在"两不愁三保障"突出问题座谈会上的讲话》
> （2019年4月15日）

第一节　全面实施"脱贫奔康"行动计划

2018年9月，云南省正式宣布玉龙县贫困摘帽退出。

玉龙县贫困人口脱贫考核指标合格率100%，贫困村退出考核指标合格率100%，贫困乡退出考核指标合格率100%，贫困县退出考核指标合格率100%。全县3个省级贫困乡、40个省级贫困村全部退出，建档立卡贫困人口4154户15663人，已脱贫3955户15055人，贫困发生率从8.63%下降到0.31%。贫困人口人均纯收入达到3500元以上，稳定超过国家扶贫标准。

在新的征程上，玉龙县将深入贯彻中央和省、市决策部署，健全完善长效帮扶工作机制，保持政策不变、机构不撤、队伍不散、投入不减，持续强化工作力度，全面实施《玉龙县"脱贫奔康"行动计划》。

玉龙县"一县一业"专题片二维码

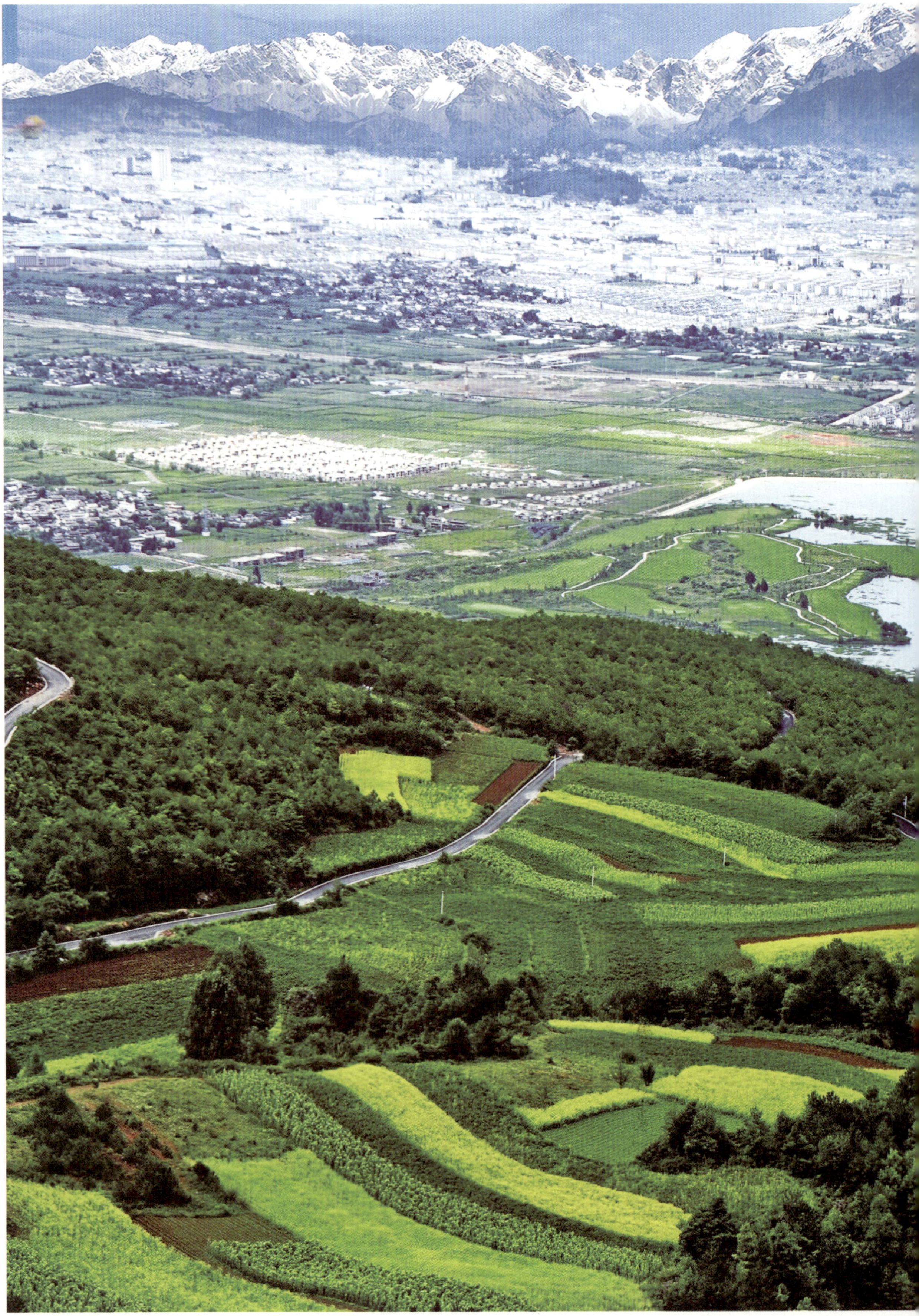

打造美丽县城，积极创建全国文明城市

中国脱贫攻坚 | 玉龙故事

——**聚焦深贫特困，确保剩余贫困人口如期脱贫。**以更精准的硬措施倒逼"硬任务"。到户到人、精准帮扶，限时完成脱贫任务，严厉考核问效，确保全县上下不让一人在小康路上掉队。

丽江市、县主动融入国家"一带一路"建设和长江经济带发展，着力打造金沙江绿色经济走廊

——**强力巩固提升，持续推进产业振兴计划。**每乡一个产业一套政策、一个村庄一个规划、一个片区一支队伍，强化产业和经济合作组织对贫困村及贫困户的辐射带动，"一村一品、一乡一业、全县一特"；同时，按照"四个一"路径，动态跟踪脱贫户，巩固帮扶措施、提升帮扶成效，每户转移就业1人，发展1亩经济作物，发展1项养殖业，发展1项庭院经济，做到户有发展项目、村有发展方案、乡有发展规划、县有产业龙头，以产业覆

立足"云药之乡"品牌优势，玉龙县积极争创省级道地中药材"一县一业"示范县

深入实施农村人居环境整治村庄清洁行动,村容村貌大有改观

盖强化扶贫帮困,以产业增效实现群众增收,以产业振兴推动乡村振兴。

——**强化党建引领,激发贫困群众内生动力**。坚持党建与脱贫双推进,倡导"幸福都是奋斗出来的"思想,治贫与治愚、扶智与扶志并重,务工思路与就业能力双孵化,增强群众脱贫攻坚主体意识和自我造血功能,依靠自己的勤劳和智慧改变贫困落后面貌,创造美好幸福新生活。

文旅融合,大力发展文化产业

中共玉龙纳西族自治县委员会文件

玉党发〔2018〕17号

中共玉龙县委 玉龙县人民政府
关于建设金沙江绿色经济走廊"两带三网两提升"实施意见

（2018年8月29日中国共产党玉龙纳西族自治县第十三届委员会第四次全体会议通过）

玉龙县是长江上游重要的生态安全屏障，是国家主体功能区试点示范县，是丽江市建设金沙江绿色经济走廊的突破点和排头兵。为深入贯彻落实党的十九大精神和习近平新时代中国特色社会主义思想，主动服务和融入"一带一路""长江经济带"建设等国家战略，贯彻落实省委省政府"两型三化"和打好绿色能源、

— 1 —

玉龙县委、县政府研究布局金沙江绿色经济走廊

——**树立基层导向，实施人才助力扶贫行动。**深入实施"九个一批"人才扶贫行动，整合市、县两级优势人才及智力资源，通过专家团队智力帮扶、下派"科技特派员"联系服务贫困村等措施，组织引导一批优秀人才到农村基层干事创业、建功立业、服务发展。

——**融入"一带一路"，以乡村振兴巩固脱贫成效。**主动服务和融入"一带一路"建设和国家长江经济带发展战略，落实市委、政府《关于建设丽江金沙江绿色经济走廊的决定》，落实《玉龙县实施乡村振兴战略三年行动计划（2018—2020年）》《关于建设金沙江绿色经济走廊"两带三网两提升"实施意见》，将脱贫攻坚工作与乡村振兴相融合，大力改善交通状况和提升人居环境，构建良好营商招商环境，着力打好"绿色能源""绿色食

玉龙县与上海市杨浦区全面深化沪滇扶贫协作

品""健康生活目的地"三张牌，加快文化旅游、清洁载能、高原特色农产业、生物医药和大健康四大重点产业，推动区域经济社会创新发展，努力把玉龙建设成为美丽宜居的民族自治县，不负时代重任，不负人民期望，向党中央交上一份满意的答卷。

村民和尚清户年收入1万元，脸上笑开了花

第二节 "而今迈步从头越"

披泽党恩，玉龙昂首。神秘的古纳西王国，正在改变贫困的面貌，打开封闭之门，走向富裕，走向广阔的世界！

绝壁上的通村"天路"

有了路就有诗和远方

学校成为贫困山区最亮的风景,教育扶贫阻断贫困代际传递

黎明乡易地搬迁安置点新貌

完善的供电网络

"口袋底"变脸跨际旅游小环线

第三节　玉龙明天更美好

鲜花遍地开　大树好乘凉

井水当乳汁　神石当靠山

金沙银团多　绫罗绸缎丰

红虎当乘骑　白鹿当耕牛

锦鸡来报晓　狐狸作猎犬

良田有万亩　庄稼也产收

不灌也能绿　不浇也能长

……　……

这是纳西民歌《玉龙第三国》，描绘出人们梦幻的理想境界：物质丰富、精神富足，人与自然和谐相处，万物生灵共生共荣。

经过脱贫攻坚的洗礼，丽江逐渐成为世界著名旅游目的地，滇川藏大香格里拉旅游圈正在形成：一个古老神秘的纳西秘境，一个开放包容、和谐共处的"伊甸园"，正从西南边陲走向世界，"玉龙第三国"不只是神话！

绿色的玉龙，发展的玉龙，和谐的玉龙，正如高原上的一滴水，毅然汇入美丽中国的海洋，为人类的减贫事业奔腾不息，去见证博大的世界！

我们坚信，希尔顿笔下"消逝的地平线"，在不久的将来一定会重现！

神秘的玉龙雪山

中国脱贫攻坚 | 玉龙故事

梦幻中的"伊甸园"

后 记
EPILOGUE

潮平两岸阔，风正一帆悬。

脱贫攻坚，这是一段不平凡的历程，是一段可歌可泣的壮举，历史将永远铭记这一伟大工程。

回望过去，这片土地上的人们更加坚信：没有比人更高的山，没有比脚更长的路！只要有愚公移山的精神和勤劳的双手就一定能够改变命运，创造人间的奇迹。

放眼未来，玉龙各族人民更加坚信，在党中央的坚强领导下，玉龙一定能够与全国人民同步进入小康社会，一定会过上祖祖辈辈梦寐以求的幸福生活。

"雄关漫道真如铁，而今迈步从头越。"脱贫摘帽，这只是小康路上迈出的坚实一步，今后的发展还将任重道远。

感恩伟大时代，感动时时处处。由衷致敬为玉龙县脱贫攻坚艰辛付出的广大党员干部和人民群众；诚挚感谢贵州民族大学孙兆霞教授率领的社会建设与反贫困研究团队，他们深入一线进行的深度调查研究，为本书的编撰提出了许多具体指导意见。

感谢丽江日报社、丽江市摄影家协会、丽江市广告协会、玉龙之窗的大力支持，感谢李群育、曹金明、和红卫、李建根、张赛东先生为本书提出指导意见，感谢刘廷朝、李正荣、罗坪江、李汝将、和凤琼、周雪蕾、王鹏、赵坤玉、和志君、和晓云、许桦楠、姚国军、和新军、和学智、和泽高、和正梅、王四菊、乔志琴、李萍、刘文湘、张小雪、王永悦、黎安婷、严炜、蔡路荣等同志的辛苦付出。感谢牛暾、和慧军、唐新华、唐新荣、刘志文、赵良、和经权、和赵权、赵庆祖、钱磊、苏国胜、沈强、和福天等摄友提供宝贵的照片。有的图片因时间关系暂时联系不上作者本人，在此一并致谢！

因时间仓促，我们的编撰还有许多不足。恳请各位专家和广大读者批评指正。

本书编写组
2019 年 2 月